事例から理解する

保育施設の個人情報
取り扱いガイドブック

ICT時代に必要な対策

木元有香 編著　細萱大祐・添田武彦 著　オキエイコ 漫画

中央法規

はじめに

　本書は、保育施設の取り扱う個人情報（園児、保護者、職員の個人情報）について、活用時の留意点を解説したものです。

　第1章では、保育施設で扱われる個人情報にはどのようなものがあるか、プライバシー情報との違い、児童福祉法や保育所保育指針等の決まり、個人情報に関する現場の課題と展望について解説しています。第2章では、個人情報保護法や関係法令の内容を、令和2年の改正を踏まえて解説しています。第3章では、個人情報、プライバシー情報の流出の場面を「漏えい」「紛失」「その他」に分け、また「園内」か「園外」かに分けて事例を豊富に紹介・解説し、法律面からの解説を加えています。

　またColumnでは、「選ばれる園」になるための情報発信のメリットを、まとめでは、職員への個人情報・プライバシー情報に関する教育を解説しています。

　巻末資料では、個人情報保護法の抜粋のほか、保育施設が同法に従った個人情報の取得、利用、管理、第三者提供を行うのに役立つ資料を掲載しました。

　保育施設は子どもの育ちを支え、保護者や地域の子育てを支援するという業務の性質上、個人情報やプライバシー情報を取得、利用する場面が多くあります。本書を参考に、ご自身の施設の個人情報・プライバシー情報の取り扱いが適切なものであるかを見直してみてください。

　本書が保育施設の個人情報・プライバシー情報の保護に役立ち、当該保育施設が保護者や入園希望者の信頼を得て、より一層「選ばれる園」になるお役に立つことを切に望みます。

2022年7月

鳥飼総合法律事務所

弁護士・保育教諭　木元有香

CONTENTS

はじめに

第3章
個人情報の応用編

第 1 章

保育所等の
個人情報の活用

1. 保育所等で扱われる個人情報

保育所等で扱われる個人情報には、次のようなものがあります。

（1）園児に関するもの

❶在籍園児、在籍園児の保護者・兄弟等の氏名、年齢、住所、連絡先、勤務先、入園前保育歴、写真、身体的特徴（障害等の有無・アレルギー、血液型等）等

❷園運営に関わる過程で入手したさまざまな個人に関する情報（園業務を通じて園が入手・作成した園児や保護者が特定される情報や、園の活動時の写真や動画等）

表1-1　園児の個人情報の場面ごとの具体例

入 園 時
・児童名簿
・入所関係書類 　（保育利用決定通知書、保育利用決定解除通知書、保育利用停止通知書、 　保育利用停止解除通知書、保育の利用の決定の解除等の届出）
・児童票（園児／児童台帳）、児童家庭調査票、健康調査票

在園中

保育の計画・記録

- 児童票（保育経過記録、発達記録）
- 保育日誌、保育計画（日案、短期的・長期的指導計画、個人別指導計画等）
- ケース会議記録
- 保育ドキュメンテーション、写真画像、動画、防犯カメラ映像
- ホームページ、パンフレット、SNS

登降園管理

- 児童出欠簿、登降園時の園児観察記録
- 通園バス利用児名簿、通園バス運行経路表
- 延長（休日・一時）保育利用者名簿、延長保育実施記録、延長保育料請求書

健康管理

- 児童健康診断記録、身体測定記録、児童の発育チェック表、睡眠時チェック表
- 与薬指示書、生活管理指導表（保育所におけるアレルギー疾患生活管理指導表）、医師の意見書、感染症発生状況の記録
- 予防接種歴及び罹患歴の記録

病気・事故

- ヒヤリハット報告書、事故発生報告書
- 緊急連絡表、緊急連絡網

保護者との情報のやり取り

- 児童家庭調査票、健康調査票
- 連絡帳、個人面談記録、苦情処理記録
- 保護者へのお知らせ（園だより、クラスだより）

保幼小の連携・接続

- 保育所児童保育要録、保育所児童保育要録抄本

卒園・退園後

- 卒園アルバム
- 卒園児名簿
- 保育所児童保育要録[1]

＊名称は各園により異なる場合があります。
＊複数の場面で用いられる場合があります（例：「児童票」）。

（2）職員に関するもの

❶職員及びその家族の氏名、年齢、住所、連絡先、出身校、職歴、写真、身体的特徴（障害等の有無・アレルギー、血液型等）等

❷園運営に関わる過程で入手したさまざまな個人に関する情報（園業務を通じて園が入手・作成した職員が特定される情報や、園の活動時の写真や動画等）

表1-2 職員の個人情報の場面ごとの具体例

入 職 時

- ・職員履歴書
- ・資格証明書（保育士証の写し）
- ・労働条件通知書（雇入通知書）（労働基準法第15条）

在 職 中

雇 用 管 理

- ・労働者名簿（労働基準法第107条）、賃金台帳（労働基準法第108条）
- ・マイナンバー、税務署提出書類（法定調書）
- ・職員勤務表（シフト表、ローテンション表）、出勤簿、タイムカード
- ・人事考課、人事異動の選考経過等の評価情報等の人事情報

健 康 管 理

- ・職員健康診断記録（定期、雇い入れ等）、職員の健康情報（ストレスチェックの結果、診断書等）
- ・休職等に係る健康情報

業 務 関 連

- ・研修記録、職員会議録等
- ・写真画像、動画、防犯カメラ映像
- ・ホームページ、パンフレット、SNS

退 職 後

- ・在職証明書、実務経験証明書、勤務証明書等の発行に必要な情報
- ・法令で一定期間保存が義務づけられている情報
  （健康診断個人票、労働者名簿、賃金台帳、源泉徴収簿等）

2. プライバシー情報との違い

　プライバシー情報と個人情報保護法の「個人情報」とは、重なる部分がありますが、基本的には異なる概念です。

　法的保護の対象となるプライバシー権とは、

　❶公開された内容が、私生活上の事実又は事実らしく受け取られるおそれがあり
　❷一般人の感受性を基準にして被侵害者個人の立場に立った場合に公開を欲しないであろうと認められ、

かつ、

　❸いまだ一般に知られていない事柄であること

を要すると考えられています。

　例えば、次のような事実を園児や園児の保護者が公にしていないのであれば、プライバシー情報に該当します。

　・園児の保護者の離婚・再婚
　・園児は養子である、連れ子である
　・園児の保護者が求職中、外国籍である
　・園児の兄弟が不登校、引きこもりである　など

3. 保育士の秘密保持義務

　保育士は、「正当な理由がなく、その業務に関して知り得た人の秘密を漏らしてはならない。保育士でなくなった後においても、同様とする。」という秘密保持義務を負っています（児童福祉法第18条の22）。

　保育士の秘密保持義務に違反した場合、都道府県知事は、当該保育士の登録を取り消し、又は期間を定めて保育士の名称の使用の停止を命ずることができます（児童福祉法第18条の19第2項）。

　また、保育士の秘密保持義務違反には、1年以下の懲役又は50万円以下の罰金という罰則も定められています（児童福祉法第61条の2）。

　このような秘密保持義務の規定が存在しますが、一方で
「児童虐待を受けたと思われる児童を発見した者は、速やかに、これを市町村、都道府県の設置する福祉事務所若しくは児童相談所又は児童委員を介して市町村、都道府県の設置する福祉事務所若しくは児童相談所に通告しなければならない」
（児童虐待の防止等に関する法律第6条）

　とあります。児童虐待の防止等に関する法律の通告義務は、児童福祉法第18条の22の「正当な理由がなく」に該当しないため、児童福祉法第18条の22の違反には該当しません。

　保育士には守秘義務が課されていますが、家庭での虐待に関しては、保育士の守秘義務よりも園児の保護が優先するのです。

4. 保育所保育指針、全国保育士会倫理綱領の規定

　保育所保育指針第1章の1(5)ウは、保育所が「入所する子ども等の個人情報を適切に取り扱う」ことを定めています。また、同指針第4章1(2)イは、「子どもの利益に反しない限りにおいて、保護者や子どものプライバシーを保護し、知り得た事柄の秘密を保持すること」と定めています。

　さらに、全国保育士会倫理綱領「4.プライバシーの保護」は、「私たちは、一人ひとりのプライバシーを保護するため、保育を通して知り得た個人の情報や秘密を守ります。」と規定しています。

　ここで、プライバシーの保護とは、その本人が特定されるような情報や私生活に関する情報を守ることをいいます。また、知り得た事柄の秘密保持とは本人が他言しないでほしいと望むすべての情報を守ることをいいます。

　園児や保護者のプライバシーの保護、知り得た事柄の秘密保持は、保育士が園児に保育・教育を提供したり、保護者支援を行ったりする上で欠かすことのできない専門的原則であり、倫理です。園の運営に当たって、保育士は極めて高度な個人情報、プライバシー情報、秘密を所持し、取り扱っていることを改めて自覚し、この原則や倫理を遵守することが求められます。

2 | 個人情報に関する現場の課題と展望

1. ICT（情報通信技術）の活用

　いわゆる「ICT補助金」[*2]が交付されるようになり、業務管理システムの導入を進める園が増えています[*3]。

　また、登降園管理や園児の記録・計画、保護者との連絡、職員の労務管理以外にも、保育実践の中で、スマートフォン・タブレットを活用し、園児が動画撮影をして公開したり、姉妹園や小学生と交流を深めたりする例も出てきています[*4]。

　さらには、園外への情報の発信手段として、ホームページやインスタグラム、ツイッターといったSNSを活用している園も珍しくなくなりました。今では、YouTubeやその他の動画配信サービスを利用して、公開保育を行うことも可能となっています。

　このように、園は情報を容易に取り扱うことができるようになりました。しかし、このことは、情報の拡散が容易になった、というのと同じ意味を持ちます。そのため、情報の取扱い、特に発信や管理は意識的に行う必要があります。意図せぬ情報の流出、漏えい、紛失等は何としても防がなければなりません。

2. ICT化によって浮かび上がる課題

ICT化によりインターネットなどを経由して、人と人のつながりは飛躍的に増進しています。

以前は、良いうわさは人を介して伝わりました。人の口コミによる良いうわさの流布は、人を介さなければならないということで、多くの人間の関与と、多くの時間を要して行われていました。このような口コミは信頼関係にもとづいた人間関係をもとにしているため、口コミを聞く立場としては、おそらく真実であろうという認識で、別の人に紹介するという口コミの連鎖ができ、良いうわさは広がっていきました。

現在はICT化により口コミが、インターネット上の一つの書き込みで可能になりました。園の園児募集、職員募集などのために自園をPRするためにインターネットを使用すれば、多くの人間を介することなく、そして、時間をかけることなく、パソコンで検索した者には自園のPRが可能になりました。

そのため、より自園のPRをしたいという園においてはインターネットを利用するのは、必須の条件になっています。

しかし、インターネッとは良いうわさだけではなく悪いうわさを伝播するという場面が出ているのも現状です。

園に対する否定的な書き込みなどの手段としてインターネットが利用される場面もあります。つまり、インターネットは良いうわさだけではなく、悪いうわさの伝播の方法として使用されてしまいます。

つまり、ICT化は園運営にプラス面だけではなく、マイナス面の影響を及ぼしているのです。

そのため、ICT化との付き合い方を理解することが園運営には欠かせません。本書は第3章においてこの点を詳細に解説いたします。ICT化のメリットばかりではなくリスクについても目を向けるきっかけにしてください。

また、ICT化によるインターネットの普及により、園の園児、保護者、職員の個人情報、プライバシー情報の漏えいの場面も飛躍的に増大しています。ICT化により、一つの書き込み（写真掲載含む）で容易に園児、保護者、職員の個人情報、プライバシー情報の漏えいが可能になってしまっています。そのため、ICT化がもたらすメリットは余すことなく甘受し、リスクは可能な限り排除する必要があります。この点に関しても第3章で詳細に解説していますので、参照してください。

3. 情報管理の問題

　情報のデータ化が進むことにより、メールでの送信で容易に情報を相手に渡すことができるようになりました。また、情報のデータ化が進むことにより、容易に情報を持ち運ぶことが可能になりました。これは情報のメールによる送付、持ち運びやすさという部分では素晴らしい技術進化ですが、園の保有する個人情報・プライバシー情報も容易に送信でき、持ち運びができることを意味します。

　そして、園の保有する個人情報・プライバシー情報はデータ化されることにより、漏えい・流失の機会が飛躍的に増えています。この点に関しても、情報管理の意識改革が必要になっています。

（1）サイバー攻撃など

　園はサイバー攻撃とは無関係と考えている方も多いかもしれませんが、例えば園に対する否定的な書き込みといったサイバー攻撃が存在します。

（2）業務委託者の情報漏えい

　情報漏えいは、業務委託者からも発生します。例えば、給食を委託している場合、委託業者からアレルギー情報などの個人情報が流失する可能性があります。

　当然、業務委託者との守秘義務契約を行うなどの事前の対策は存在します。しかし、本当に気をつけなければいけないことは、業務委託者から情報が漏えいしてしまった場合でも、園の委託先から情報が漏えいしている以上、対保護者との関係で責任の所在は園にあるという認識です。このような認識がなく、対保護者との関係で、委託業者のミスであるから園の問題ではないという対応をしてしまうと、保護者に園の無責任な姿勢を印象づけてしまいます。

　委託業者とは、対保護者との関係とは別に法的・道義的・社会的な責任追及をすればいいのです。

＊1　厚生労働省の通知（子保発0330 第2号 平成30年3月30日）によれば、「保育所においては、作成した保育所児童保育要録の原本等について、その子どもが小学校を卒業するまでの間保存することが望ましいこと。」とされています。

＊2　IT導入補助金（サービス等生産性向上IT導入支援事業）。IT機器の導入に際し、費用の2分の1、最大450万円が補助される制度。

＊3　具体例は、日本保育協会監、佐藤和順編『保育者の働き方改革　働きやすい職場づくりの実践事例集』中央法規出版、2021年をご覧ください。

＊4　詳細は、秋田喜代美・宮田まり子・野澤祥子編『ICTを使って保育を豊かに　ワクワクがつながる＆広がる28の実践』中央法規出版、2022年をご覧ください。

第 2 章

個人情報保護の基礎知識

法令等の内容と最近の動き

1 | 個人情報とは何か

1. 個人情報保護法における「個人情報」

個人情報の保護に関する法律（以下、「個人情報保護法」といいます）では、「個人情報」とは、

❶生存する「個人に関する情報」であって、

❷A 「当該情報に含まれる氏名、生年月日その他の記述等により特定の個人を識別することができるもの（他の情報と容易に照合することができ、それにより特定の個人を識別することができるものを含む。)」*1

または

❷B 「個人識別符号が含まれるもの」*2

をいいます。

平成15年の個人情報保護法成立以降、さまざまなガイドラインが示されています（表2-1）。

❶の「個人に関する情報」とは

氏名、住所、性別、生年月日、顔画像等個人を識別する情報に限られず、個人の身体、財産、職種、肩書等の属性に関して、事実、判断、評価を表す全ての情報であり、評価情報、公刊物等によって公にされている情報や、映像、音声による情報も含まれ、暗号化等によって秘匿化されているかどうかを問いません*3。

表 **2-1** 個人情報保護に関する法律・ガイドライン等の体系イメージ

民 間 分 野　　　　公 的 分 野

ガ イ ド ラ イ ン

通則編、

外国にある
第三者への提供編、

第三者提供時の
確認・記録義務編、

仮名加工情報・
匿名加工情報編、

認定個人情報
保護団体編[*2]

※以上のほか、Q&A 等を作成・
公表している。

ガ イ ド ラ イ ン

行政機関等編
※以上のほか、事務対応ガイド、
Q&A を作成・公表している。

個人情報 保護条例 [*3]

対象：地方公共団体等

個 人 情 報 保 護 法 [*1]

4、8 章等：
個人情報取扱事業者等の
義務、罰則等

対象：
民間事業者

個 人 情 報 保 護 法 [*1]

5、8 章等：
行政機関等の義務、
罰則等

対象：
行政機関、
独立行政法人等

個 人 情 報 保 護 法 [*1]

1 〜 3 章：基本理念、国及び地方公共団体の責務・個人情報保護施策等）

個人情報の保護に関する基本方針

*1　個人情報の保護に関する法律
*2　金融関連分野・医療関連分野・情報通信関連分野等においては、別途のガイドライン等がある。
*3　令和 3 年の個人情報保護法の改正により、現在、各条例で規定されている地方公共団体の個人情報保
　　護制度 についても個人情報保護法第 5 章等において全国的な共通ルールを規定し、全体の所管が個人
　　情報保護委員会に一元化されることとなる（令和 5 年春施行予定）。

出典：個人情報保護委員会ウェブサイト（https://www.ppc.go.jp/personalinfo/legal/）

❷ Aのいわゆる識別可能性を有するものとは

特定の個人を識別することができるものをいいます。例えば、「氏名」「氏名と生年月日の組み合わせ」「顔写真」等は、識別可能性を有する個人情報ということになります。

また、他の情報との照合により、容易に識別性を有するものを含みます。例えば、IDや台帳番号などは、通常それだけでは特定の個人を識別できないため、個人情報には該当しませんが、これらを個人情報取扱事業者（例：園）が有する別の情報（例：園児台帳、児童名簿、児童票、家庭調査票など）に容易に照合して、特定の個人を識別することができる場合には、個人情報に該当することになります。

❷ Bの「個人識別符号」とは

その情報単体から特定の個人を識別できるものとして政令*4・規則*5で個別に指定されています。DNA、顔、声紋、指紋等を電子計算機で処理できる形に変換した符号や、免許証番号、住民票コード、マイナンバー等が個人識別符号に指定されています。

> 氏名、住所、性別、生年月日、顔画像等個人を識別する情報に限られず、個人の身体、財産、職種、肩書等の属性に関して、事実、判断、評価を表す全ての情報

＋

> 当該情報に含まれる氏名、生年月日その他の記述等により特定の個人を識別することができるもの

もしくは

> DNA、顔、声紋、指紋等を電子計算機で処理できる形に変換した符号や、免許証番号、住民票コード、マイナンバー等

図 **2-1** 個人情報の定義

2. 個人情報ガイドライン（通則編）による具体例

「個人情報ガイドライン（通則編）^{*6}」2-1によれば、個人情報に該当するものは下記のような事例です。

事例1	本人の氏名
事例2	生年月日、連絡先（住所・居所・電話番号・メールアドレス）、会社における職位又は所属に関する情報について、それらと本人の氏名を組み合わせた情報
事例3	防犯カメラに記録された情報等本人が判別できる映像情報
事例4	本人の氏名が含まれる等の理由により、特定の個人を識別できる音声録音情報
事例5	特定の個人を識別できるメールアドレス（kojin_ichiro@example.com 等のようにメールアドレスだけの情報の場合であっても、example 社に所属するコジンイチロウのメールアドレスであることが分かるような場合等）
事例6	個人情報を取得後に当該情報に付加された個人に関する情報（取得時に生存する特定の個人を識別することができなかったとしても、取得後、新たな情報が付加され、又は照合された結果、生存する特定の個人を識別できる場合は、その時点で個人情報に該当する。）
事例7	官報、電話帳、職員録、法定開示書類（有価証券報告書等）、新聞、ホームページ、SNS（ソーシャル・ネットワーク・サービス）等で公にされている特定の個人を識別できる情報

出典：個人情報保護委員会『個人情報の保護に関する法律についてのガイドライン（通則編）』5～6頁
（https://www.ppc.go.jp/personalinfo/legal/guidelines_tsusoku/）

図2-2 個人情報に該当する事例

3.「要配慮個人情報」とは

　不当な差別、偏見その他の不利益が生じないように取扱いに配慮を要する情報として、法律・政令・規則に定められた情報です。人種、信条、社会的身分、病歴、犯罪の経歴、犯罪により害を被った事実、身体障害等の障害があること等が要配慮個人情報に当たります[*7]。

4.「個人情報データベース等」「個人データ」「保有個人データ」とは

　特定の個人情報を検索することができるように体系的に構成された、個人情報を含む情報の集合体が「個人情報データベース等」です[*8]。

　例えば、保育所においては、保育所保育要録、園児名簿や家庭調査票、職員名簿等を五十音順に整理している場合など、特定の個人情報を容易に検索することができるように体系的に構成している場合には、それ自体が個人情報データベース等に当たります。

　個人情報データベース等を構成する個人情報が「個人データ」です[*9]。そして、個人情報取扱事業者（園）が、本人からの請求により開示、内容の訂正、追加または削除、利用の停止、消去及び第三者への提供の停止を行うことのできる権限を有する個人データを「保有個人データ」といいます[*10]。

5. 「個人情報取扱事業者」とは

「個人情報データベース等」を事業のために使っている者（営利・非営利を問いません）が「個人情報取扱事業者」であり、個人情報保護法の対象となります。平成27年改正の施行（平成29年5月30日）前においては、5000人分以下の個人情報しか取り扱っていない者は、個人情報取扱事業者から除外されていました。しかし現在は、「個人情報データベース等」を事業のために使っている者はすべて個人情報取扱事業者に該当するので注意が必要です。

これまで
5000人分以上の個人情報を保有
↓
個人情報取扱事業者

現在
1件以上の個人情報を保有
↓
個人情報取扱事業者

令和2年の改正ポイント

改正前の個人情報保護法では、6か月以内に消去する個人データは開示・訂正・利用停止等の対象外とされていましたが、改正法では6か月以内に消去するデータについても対象となりました。

6. 個人情報保護法の規制

　個人情報保護法は、個人情報取扱事業者（園）に対し、個人情報の取得、利用、保存等の際に遵守すべき義務等を定めています。

　個人情報保護法に違反した場合（個人情報の漏えい、不適正な利用等）、園が個人情報保護委員会の命令[*11]に従わず、適切に対応しない場合には、当該園に罰則が科されることがあります[*12]。

7. 個人情報保護法の目的

　個人情報保護法は、個人情報の適正かつ効果的な活用が新たな産業の創出並びに活力ある経済社会及び豊かな国民生活の実現に資するものであることその他の個人情報の有用性に配慮しつつ、個人の権利利益を保護することを目的としています。

個人情報保護法第 1 条（目的）

この法律は、デジタル社会の進展に伴い個人情報の利用が著しく拡大していることに鑑み、個人情報の適正な取扱いに関し、基本理念及び政府による基本方針の作成その他の個人情報の保護に関する施策の基本となる事項を定め、国及び地方公共団体の責務等を明らかにし、個人情報を取り扱う事業者及び行政機関等についてこれらの特性に応じて遵守すべき義務等を定めるとともに、個人情報保護委員会を設置することにより、行政機関等の事務及び事業の適正かつ円滑な運営を図り、並びに個人情報の適正かつ効果的な活用が新たな産業の創出並びに活力ある経済社会及び豊かな国民生活の実現に資するものであることその他の個人情報の有用性に配慮しつつ、個人の権利利益を保護することを目的とする。

　また、基本理念として、「個人情報は、個人の人格尊重の理念の下に慎重に取り扱われるべきものであることに鑑み、その適正な取扱いが図られなければならない。」と定めています[*13]。

2 | 個人情報取扱事業者の義務

個人情報保護法は、個人情報取扱事業者（園）に、以下の義務を課しています。

1. 取得・利用時

（1）利用目的の特定

園は、個人情報を取り扱うに当たっては、利用目的をできる限り特定しなければなりません[14]。

園は、利用目的を変更する場合には、変更前の利用目的と関連性を有すると合理的に認められる範囲を超えて行ってはなりません[15]。

（2）利用目的の通知または公表

園は、利用目的をあらかじめ公表しておくか、個人情報を取得する際に速やかに利用目的を本人に通知または公表しなければなりません[16]。

個人情報を書面で取得する場合は、利用目的を本人に明示する必要があります[17]。

*利用目的の通知・公表方法は、特に定めはありません。通知であれば、本人に口頭・書面・メール等で通知することが考えられ、公表であれば、ホームページのわかりやすい場所や園への掲示、申込書等への記載等が考えられます。なお、同意までの義務はありません。ただし、「要配慮個人情報」を取得する場合は、一定の場合を除き、あらかじめ本人の同意が必要です。

（3）利用目的による制限

園は、取得した個人情報を、特定した利用目的の範囲内で利用する必要があります。利用目的を変更（追加）し、特定した利用範囲以外のことに利用する場合は、原則としてあらかじめ本人の同意を得なければなりません[18]。

もっとも、利用目的を変更前の利用目的と関連性のある範囲内で変更する場合は、本人への通知または公表のみで可能です[19]。

（4）不適正な方法による利用の禁止

　個人情報は、偽りその他不正の手段による取得をしてはならず、適正に取得しなければなりません[20]。

　「要配慮個人情報」を取得する場合は、一定の場合を除き、あらかじめ本人の同意が必要です[21]。

　「公衆衛生の向上又は児童の健全な育成の推進のために特に必要がある場合であって、本人の同意を得ることが困難であるとき[22]」は、あらかじめ本人の同意を得ることなく要配慮個人情報を取得することができます。

例）児童虐待のおそれのある家庭情報のうち被害を被った事実に係る情報を、児童相談所、警察、学校、病院等の関係機関が、他の関係機関から取得する場合

令和2年の改正ポイント

改正法により、「違法又は不当な行為を助長し、又は誘発する恐れがある方法」により個人情報を利用してはならない、として不適正な方法による個人情報の利用が禁止されました[23]。

不適切な方法による利用の例

・違法な行為を助長する恐れが想定されるにも関わらず、違法な行為を営むことが疑われる事業者に対して、個人情報を提供すること。

・性別・国籍等の特定の属性のみにより、正当な理由なく本人に対する違法な差別的取り扱いを行うために、採用選考を通じて取得した個人情報を利用すること。

2. 保管・管理時

（1） 個人データの管理

　　個人データは、利用目的の達成に必要な範囲内において、正確かつ最新の内容に保つとともに、利用する必要が無くなった場合等には、当該データを遅滞なく消去するように努めなければなりません[24]。

（2） 安全管理措置

　　園は、その取り扱う個人データの漏えい、滅失又は毀損の防止その他の個人データの安全管理のために必要かつ適切な措置を講じなければなりません[25]。

　　安全管理が図られるよう、園は職員や委託先に対して、必要かつ適切な監督を行う必要があります[26]。

　　安全管理の方法について、取り扱う個人情報の性質や量等によりますが、例えば、以下のような手法が考えられます。

　　　・取扱いの基本的なルールを決める。
　　　・職員を教育する。
　　　・紙で管理している場合は、鍵のかかる引き出しで保管する。
　　　・パソコン等で管理している場合は、ファイルにパスワードを設定する。
　　　・パソコンにセキュリティ対策ソフトウェアを導入する。　　等

※参照：巻末資料 1「講ずべき安全管理措置の内容」

令 和 2 年 の 改 正 ポ イ ン ト

これらの安全管理措置が講じられていることを本人が把握して、開示等の請求を行うことができるように、安全管理のために講じた措置を公表等することが必要になりました[27]。安全管理に支障を及ぼすおそれがあるものを除き、ホームページ等で本人が知りうる状態に置く（本人の求めに応じ遅滞なく回答する場合を含む）ことが必要です。

（3） 委託

　個人情報を委託する場合は、適切な委託先を選択し、安全管理措置に関する契約を締結する等、委託先にも適切な管理を求める必要があります[28]。

※参照：巻末資料2「委託先管理に関する着眼点」

（4） 漏えい等報告・本人通知の義務化

　漏えい等とは、漏えい、滅失又は毀損のことをいいます。

令和 2 年 の 改正 ポイント

以下の漏えい等の事態が発生した場合、または、発生した恐れがある事態が生じた場合は、個人の権利利益を害する恐れが大きいとして、個人情報保護委員会への報告・本人通知が義務化されました[29]。

・要配慮個人情報の漏えい等
・財産的被害のおそれがある漏えい等
・不正の目的によるおそれがある漏えい等
・1000 件を超える漏えい等

　漏えい等が発生し、報告の必要がある場合は、園が実態を知った時点から概ね3〜5日以内に「速報」として、また30日以内（不正の目的によるおそれがある場合は60日以内）を「確報」として個人情報保護委員会への報告が必要となりました[30]。

　さらに、事態の状況に応じて、速やかに本人への通知を行わなければなりません[31]。

3. 第三者提供時

（1） 原則（本人同意、確認・記録）

　園は、個人データを第三者に提供する場合、原則としてあらかじめ本人の同意を得なければなりません[32]。

　第三者に個人データを提供した場合、第三者から個人データの提供を受けた場合は、一定事項を確認・記録する必要があります[33]。

※参照：巻末資料3「確認記録義務の詳細」

令和 2 年の改正ポイント

提供元では個人データに該当しないものの、提供先において個人データとなることが想定される情報については、「個人関連情報」の第三者提供の制限等として、本人同意が得られていること等の確認が必要となりました[34]（例：Cookie 等の端末識別子を通じて収集された、ある個人のウェブサイトの閲覧履歴など）。

（2） 例外

以下のような場合は例外的に、本人同意や記録・確認が不要となります[35]。

- 法令に基づく場合（例：警察、裁判所、税務署等からの照会）
- 人の生命・身体・財産の保護に必要でかつ本人の同意取得が困難（例：災害時の被災者情報の家族・自治体等への提供）
- 公衆衛生・児童の健全育成に必要でかつ本人の同意取得が困難（例：児童生徒の不登校や、児童虐待のおそれのある情報を関係機関で共有）
- 国の機関等が法令の定める事務を遂行することに対して、協力が必要でかつ本人の同意取得により、当該事務の遂行に支障を及ぼすおそれがある場合
- 学術研究目的での提供、利用
- 委託、事業承継、共同利用　等

4. 開示請求等への対応

（1） 開示請求等

　園は、本人から開示請求等があった場合（保有個人データの開示、内容の訂正、追加または削除、利用の停止、消去及び第三者への提供の停止の請求を受けた時）は、原則として当該請求に対応しなければなりません[*37]。

　以下の❶〜❺について、「本人が知りうる状態」に置く（本人の求めに応じ遅滞なく回答する場合を含む）必要があります（例：HP公表、園での掲示等、それらを行わず、以下❶〜❺に関する事項に対して遅滞なく答えられるようにしておく）。

❶園の代表者の氏名又は園の名称及び住所

❷全ての保有個人データの利用目的

❸請求手続（手数料を定める場合は手数料の額）

❹保有個人データの安全管理のために講じた措置

❺保有個人データの取扱いに関する苦情の申出先（認定個人情報保護団体に加盟している場合は、その団体の名称及び苦情申出先を含む）

令和 2 年 の 改 正 ポ イ ン ト

個人データの本人への開示方法は原則書面とされていましたが、本人にウェブサイト上でダウンロードしてもらう方法など、電磁的記録の提供を含め、本人が指示できるようになりました[38]。

改正前の個人情報保護法では、個人情報の不正取得があった場合等、一定の個人情報保護法違反の場合に限って保有個人データの利用の停止、消去又は第三者提供の停止が請求できるとされていましたが、これらの場合に加え、以下の場合にも上記の各種請求が可能となりました[39]。

・個人データを利用する必要がなくなった場合
・個人情報保護委員会への報告義務がある、重大な漏えい等が発生した場合
・本人の権利又は正当な利益が害されるおそれがある場合

認定個人情報保護団体とは、事業者の個人情報の適切な取り扱いの確保を目的として、個人情報保護委員会の認定を受けた民間団体です[40]。改正法では、企業単位に限られず、企業の特定分野（部門）を対象とする団体も、新たに認定の対象となりました[41]。

（2）苦情等

園は、個人情報の取扱いに関する苦情等に、適切・迅速に対応するよう努めることが必要です[42]。

3 | その他の令和 2 年の改正

前述の **令和2年の改正ポイント** のほか、園にも関係すると考えられる改正は次のとおりです。

1. 罰則の強化

❶個人情報保護委員会による命令違反・委員会に対する虚偽報告等の法定刑を引き上げました[43]。

❷命令違反等の罰金について、法人と個人の資力格差等を勘案して、法人に対しては行為者よりも罰金刑の最高額を引き上げました(法人重科)[44]。

命令に違反	1 年以下の懲役又は 100 万円（法人は 1 億円）以下の罰金
虚偽の報告等	50 万円以下の罰金
職員が不正な利益を図る目的で個人情報データベース等を提供・盗用	1 年以下の懲役又は50万円（法人は 1 億円）以下の罰金

2.「仮名加工情報」の創設

2015（平成27）年、「匿名加工情報」（特定の個人を識別することができないように個人情報を加工したもので、当該個人情報を復元できないようにした情報）が創設されました。これは、個人情報の取扱いよりも緩やかな規律の下、自由な流通・利活用を促進することを目的に創設されたもので、匿名加工情報を第三者に提供する際、本人の同意は不要とされています。

そして、2020（令和2）年の改正では、「仮名加工情報」（他の情報と照合しない限り特定の個人を識別することができないように個人情報を加工して得られる個人に関する情報）が創設されました。これは、事業者内部における分析に限定すること等を条件に、利用目的の変更の制限や漏えい等の報告、開示・利用の停止等の請求への対応義務を緩和し、さまざまな分析に活用できるようにするものです。

　「匿名加工情報」と「仮名加工情報」とは加工方法や取扱いルールが異なります。

＊1　個人情報保護法（以下「法」と略す）第2条第1項第1号
＊2　法第2条第1項第2号
＊3　個人情報ガイドライン（通則編）2-1
＊4　個人情報の保護に関する法律施行令（以下「政令」と略す）
＊5　個人情報の保護に関する法律施行規則（以下「規則」と略す）
＊6　個人情報ガイドライン（通則編）
＊7　法第2条第3項、政令第2条、規則第5条
＊8　法第16条第1項
＊9　法第16条第3項
＊10　法第16条第4項
＊11　法第145条第2項、第3項
＊12　法第173条
＊13　法第3条
＊14　法第17条第1項
＊15　法第17条第2項
＊16　法第21条第1項
＊17　法第21条第2項
＊18　法第18条第1項
＊19　法第17条第2項、第21条第3項
＊20　法第20条第1項
＊21　法第20条第2項
＊22　法第20条第2項第3号
＊23　法第19条
＊24　法第22条
＊25　法第23条
＊26　法第24条、第25条
＊27　法第32条第1項第4号、政令第10条
＊28　法第25条
＊29　法第26条第1項
＊30　法第26条第1項、規則第8条
＊31　法第26条第1項、規則第10条
＊32　法第27条第1項
＊33　法第29条、第30条

＊6
個人情報ガイドライン
（通則編）

*34　法第31条

*35　法第27条第1項、第29条、第30条

*36　法第33条第1項

*37　法第33～35条

*38　法第33条

*39　法第35条

*40　法第47条

*41　法第47条第2項

*42　法第40条

*43　法第173条、第174条、第177条

*44　法第179条

第3章

個人情報の応用編

1 | 事例の系統化

　個人情報・プライバシー情報の流失の場面は、「漏えい」と「紛失」の二つの場面があります。本書においては、情報の「漏えい」とは漏れ伝わってしまうこと、情報の「紛失」とは情報なくすこと、と定義します。

　このように定義した上で、第2節では「情報の漏えい」、第3節では「情報の紛失」の事例の紹介と解説をします。

　第2節・第3節では園内での情報の流失を中心に取り扱っているのに対して、第4節では園外での情報の流失を中心に解説します。最後の第5節「その他」では、第1節～第4節に分類することが困難な情報流失の事例を紹介・解説します。

　どの事例から読んでも理解できる構成になっていますので、興味のある項目からお読みください。

2 情報の漏えい

1. 保育場面の日常

(1) 保護者との会話の内容を、他の保護者に聞かれた

第3章

個人情報の応用編

　ある保育者が、園児のお迎えに来た保護者と園の玄関で話をしていたら、お迎えに来た他の保護者に会話を聞かれてしまった事例です。限られた保護者との時間を有効に使おうと、周囲を気にせずに大切な話を始めると、情報の漏えいにつながることになります。

❶物理的な原因は何？

　保護者の出入りが想定される場所（玄関など）で、保育者が保護者と話をすることがあるでしょう。保育者と保護者との会話の中で、当該保護者または、当該保護者の子どもの個人情報やプライバシーに関することを話してしまい、通りすがりの他の保護者に、当該保護者や子どもの情報が漏えいしてしまうのです。

❷本質的な原因は何？

　保護者の出入りが想定される場所（玄関など）で、保育者が保護者と話をすること自体は責められることではありません。

　保護者が園児を園に送り届ける時には、家庭での園児の様子を聞き取り、保護者が園児を園にお迎えに来る時は、園内での園児の様子を保護者に伝えることは、園児を安全に預かるためには必要なことです。

　送迎の時間は、1日の中で数少ない保護者との接点です。保育者と保護者、園と保護者の信頼関係を構築するために、この場面でのコミュニケーションは欠かすことができません。この場面で、保育者が保護者にあいさつをしない、目を合わせないなどの行動をとってしまったら、どんなに質の高い保育を提供していても、保護者との信頼関係は構築されません。

　これらの理由から、園児の送迎時に、保護者に伝達漏れなどがないように積極的に話すことで、なかには当該保護者の個人情報やプライバシーに関する事柄を話してしまい、その会話を他の保護者に聞かれ、情報の漏えいが起こってしまうのです。

❸本質的な原因への対応

　送迎時など保護者の出入りが想定される場所で保護者と会話をするときには、い

つ、どこで、誰が会話を聞いているかわかりません。そのため、常に会話の内容に対する意識が必要です。

　どのような意識をもてばいいのかというと、個人情報やプライバシーに関する会話と、そうでない会話を区別し、個人情報やプライバシーに関する会話は、保護者の出入りが想定される場所ではしてはならないという意識です。これらのことを整理せずに、自分が伝えたいことを伝えてしまうことで、情報の漏えいが起こります。

　ここで問題になるのは、どのような会話が個人情報やプライバシーに関する会話にあたるのかです。会話には、個人情報やプライバシーに関することが少なからず含まれてしまいます。そのため、個人情報やプライバシーに関係する会話とそうでない会話の線引きが難しくなってしまうのです。

　園児や保護者の個人的な事柄は、何かしらの個人情報かプライバシーに関係してしまいます。逆に、園全体に関する事柄は個人情報やプライバシーに関係しないことが多いです。

　例えば、園の行事や翌日の持ち物に関することなど、園だよりなどで全保護者を対象にお知らせする内容であれば、個人情報やプライバシーには関係しないことが多いです。そのため、送迎時など保護者の出入りが想定される場所での保護者との会話は、このような内容に限定しましょう。

　個人情報やプライバシーに関する話はどのように保護者に伝えればよいのかというと、送迎時など保護者の出入りが想定される場所以外でお伝えすればいいのです。

　例えば、園児の体調に関しては、連絡ノートやこれに代わるICTソフトで個別にお伝えします。伝える内容がデリケートで、文章にするのが困難な場合は、園内の人がいない部屋に移動して話をする、電話で伝えるといった方法があります。

　大切なのは、園児の送迎時に保護者と会話をしてはいけないというわけではないということです。送迎時の保護者とのコミュニケーションは、保護者から見える数少ない園の様子です。保護者は、送迎時のイメージで保育者や園の様子を判断します。元気な声であいさつし、必要事項は伝えてください。ただし、個人情報とプライバシーに関する意識はお忘れなく。

第3章

個人情報の応用編

041

（3）同じような経験、ありませんか？

❶職員室や保育室の職員同士での会話を、室外にいる保護者に聞かれてしまう

原 因

・壁が薄い
・窓を開けたままにしている
・声が大きい
・職員同士の会話だから、油断してしまう

⬇

対 策

・個人情報・プライバシー情報はいつどこで聞かれてしまうかわからないので、
　細心の注意を払う

❷職員同士が園外（喫茶店、レストラン等）で、園関係者（園児、保護者、他の職員）
の話をする

原 因

・業務時間内だけ守秘義務を負っているという意識

⬇

対 策

・業務時間以外でも守秘義務を負っているので、園外・業務時間外でも情
報漏えいの防止を意識する

　法的保護の対象となるプライバシー権とは、❶公開された内容が、私生活上の事実または事実らしく受け取られるおそれがあり、❷一般人の感受性を基準にして被侵害者個人の立場に立った場合に公開を欲しないであろうと認められ、かつ、❸いまだ一般に知られていない事柄であることを要すると考えられています。

　そのため、第2節1の⑴の事例の保育者と保護者との会話の内容が、上記❶～❸を満たす場合は、法的保護の対象となるプライバシー情報に当たります。

　プライバシーの侵害については、多くの判例が、その事実を公表されない法的利益とこれを公表する理由とを比較衡量し、前者が後者に優越する場合に民法の不法行為[*1]が成立するとしています。

　第2節1の⑴の事例では、プライバシー情報を公表されない法的利益と、これを漏らした理由とを比較衡量し、前者が後者に優越する場合は、民法の不法行為に基づく損害賠償責任を負います。

　また、保育士や保育教諭は秘密保持義務[*2]を負っています。幼稚園教諭も公立の教諭は地方公務員法に守秘義務[*3]があり、私立の教諭も就業規則で守秘義務が課されているのが通常です。

　そのため、第2節1の⑴の事例の保育者と保護者との会話の内容が「業務に関して知り得た人の秘密」や「職務上知り得た秘密」に当たる場合は、保護者との会話の内容を漏らすことは同義務に違反することになります（保育士、保育教諭、地方公務員には罰則[*4]があります。私立の教諭も就業規則違反の処分がなされることが想定されます）。

　保育者と保護者との園の玄関での会話は、プライバシーに関しないもの、「業務に関して知り得た人の秘密」や「職務上知り得た秘密」に関しないものに限定して行い、これらに関する話がある場合は、他の保護者に聞かれない場所で行うように気をつけましょう。

2. 情報の公開

(1) 保護者の同意なく写真を公表した

　日常の保育の一場面の写真を、園だよりや園のSNS、卒園アルバムに掲載し、写真使用の同意を得ていない保護者が気分を害した事例です。急速にICT化が進み、便利なツールが増えた一方、保護者や園児への配慮が不十分なケースが増えています。

❶物理的な原因は何？

　この事例では、園児の保護者の同意なく、他の保護者が見ることのできる状況においてしまったことにより、園児の肖像権が侵害されています。
　園児の写真は、園児の肖像権が含まれる立派なプライバシー情報です。つまり本事例は、保護者の同意なく園児の写真を、園だよりや園のSNS、卒園アルバムに掲載することによって、園児のプライバシー情報の漏えいが発生しています。

❷本質的な原因は何？

　保護者は園内の様子を送迎時、または行事のときくらいしか見ることができません。そのため、園としては日常保育の様子を保護者に知らせるために、園だよりや園のSNSを活用しています。また、卒園アルバムでも園児の写真は使用されます。
　文章だけでは伝わらない園や園児の様子をわかりやすく伝えるために、園児が写った写真を利用することは、多くの保護者にとって、自身の子どもの園内での様子を想像することに役立ちます。
　しかし、園児が写った写真には、園児の肖像権という権利が含まれます。これは立派なプライバシー情報です。
　職員が、園の様子をわかりやすく伝えたいという気持ちからプライバシー情報の漏えいは発生してしまいます。
　また、職員の中には園の保護者しか見ないものだから、つまり、園関係者以外は見ないものだから、という油断があるのかもしれません。しかし、園関係者しか見ないものであっても、肖像権という意識は必要です。

❸本質的な原因への対応

　本質的な解決には、肖像権に関する意識が不可欠です。園児の写真には園児の肖像権が含まれ、保護者の同意がなければ使用できないという理解が必要になります。

　園児の保護者の同意があってはじめて、当該園児の写真を園だよりや園のSNS、卒園アルバムに掲載できるという意識の徹底が必要です。また、入園に先立ち、保護者には園内での写真撮影と写真の使用に関する同意をとっておく必要もあります（同意書については95頁を参照）。

　園児の写真を、園だよりや園のSNS、卒園アルバムに使用する場合は、プライバシー情報の漏えいの可能性があることを意識し、1人の職員に掲載写真の判断を任せるのではなく、2人以上の職員で、写真使用の同意がない園児が写りこんでいないかという確認も必要です。写真の奥に小さく写りこんでいる園児が、写真使用の同意がない園児だったということもあるので、この確認は丁寧に行う必要があります。

　写真撮影や写真の使用を拒否された場合、どのような場合でも写真撮影や使用は止めましょう。「他の子どもと違ってかわいそう」という現場の声を聞くことがありますが、かわいそうだからといってプライバシー情報の漏えいをしてもよい理由にはなりません。

（3）同じような経験、ありませんか？

❶保育実習にきていた学生が、保育中の園児の様子をスマートフォンで撮影し、
後日、自身のSNSに公開してしまった

原 因

・個人のスマートフォンの保育現場への持ち込み

→肖像権侵害の現在の物理的原因はカメラ付き携帯の普及にある

・保育実習生に対して、実習前に肖像権の説明をしていない

対 策

・個人のスマートフォンの保育現場への持ち込み禁止

・保育実習に先立ち、実習生に肖像権を含む個人情報・プライバシー情報に
ついての教育の場を作る。守秘義務誓約書の作成も有効

❷保護者から写真撮影と写真の使用に同意をもらっている園児のプール活動中の写真を、園だよりに使用したが、保護者が「子どもの裸の写真を公開するなんて」と抗議してきた

原因

・保護者・社会の子どもの裸に対する意識の変化に気づいていない

⬇

対策

・子どもの裸に関して、ラッシュガードなどを着ていない場合は掲載しない

（4）法律面からの解説

　肖像権とは、無断で個人の容貌が写真に撮られたり、同意を得て撮影された写真でもこれを無断で公表されたり、他の目的で利用されたりすることがないということを保障する権利です。

　肖像権について、アメリカではプライバシーの権利としてとらえる考え方が一般的ですが、日本では、プライバシー権とは別個の人格的利益ととらえるのが一般的です。人格的利益とは、「個人の人格的生存に不可欠な利益」です。

　判例では、人の肖像は、個人の人格の象徴であるから、当該個人は、人格権に由来するものとして、これをみだりに利用されない権利を有する、そして、当該個人の社会的地位・活動内容、利用に係る肖像が撮影等されるに至った経緯、肖像の利用の目的、態様、必要性等を総合考慮して、当該個人の人格的利益の侵害が社会生活上受忍の限度を超える場合には、当該個人の肖像の利用は肖像権を侵害するものとして不法行為法上違法となる[5]と解されています。「不法行為」とは、人が他人に損害を加えた場合に、一定の要件のもとで被害者に対する損害賠償責任を加害者に負わせる制度で、「不法行為法」とは、民法709条やそれ以外の不法行為の根拠法を指したり、法の一分野を指したりします。

　第2節2の(1)の事例では、「写真使用の同意を得ていない保護者が抗議してきた」ということです。第2節2の(1)の事例の保育者や園の行為が不法行為法上違法[6]となり、当該保護者に対して損害賠償の義務を負うかについては、具体的な事実を上記の判例の規範に当てはめて考えることになります。

　しかし、不法行為法上違法となるか否かにかかわらず、園や保育者が保護者の同意を得ずに園児の写真を掲載することは、保護者の信頼を失うことにつながります。そのため、写真の撮影および写真の利用（掲載、投稿など）については、それぞれ保護者の同意の有無を確認し、保護者の同意の有無に則った取り扱いが必要です。

3. 保護者とのやりとり

（1）園の内部情報を漏らす

　職員と保護者との間に個人的な人間関係ができて、友だち感覚で、職員は園の内部情報を保護者に話し、園関係者の個人情報やプライバシーに関する内部情報を漏えいした事例です。

❶物理的な原因は何？

　個人的な人間関係を求めてくる保護者は、他人の話を聞きだすことが上手な傾向があります。このような保護者は、園の内情を少しでも知りたいという気持ちで、職員にコンタクトをとってきます。

　職員としても、日ごろの仕事のストレス、園長や同僚に対する愚痴、他の保護者の愚痴などを、できることなら他人に聞いてほしい、さらには、園のことを知っていて、聞き上手な保護者に話したほうが話は盛り上がるという気持ちになってしまうこともあります。

　この両者の気持ちが一致したところで、園関係者の個人情報やプライバシーに関する内部情報が職員から保護者に漏えいしてしまうのです。

❷本質的な原因は何？

　職員が保護者とコミュニケーションをとることは、保護者と職員・園の信頼関係を構築する上で欠かすことができません。そのため、職員と保護者のコミュニケーションを禁止する必要はありません。しかし、あらかじめ両者の距離感を園のルールとして決めておかなければ、職員個人の判断で保護者との適切な距離感を判断しなければならなくなります。

　これは、職員の自主性を尊重しているという見方もできます。しかし、職員と保護者は友だちではありません。どこまでいっても、職員と保護者という関係はなくなりません。つまり、園を介して職員と保護者の関係が成り立っているわけです。ですから、職員が自ら保護者との距離感を判断してよいものではなく、園がルールとして決めておく必要があります。

　本事例の園は、職員と保護者の距離感のルールがあったかどうかを特定していません。しかし、園としてのルールが決まっておらず、職員個人に保護者との距離感を判断させていたのであれば、この職員の個人情報やプライバシーに関する

意識よりも、園としてルールづくりができていなかったことが大きな問題です。

❸本質的な原因への対応

　職員と保護者の距離感について園としてのルールを作成する必要があります。例えば、職員と保護者は個人的に連絡先を交換していいのか、職員と保護者は園としての行事以外に保護者と個人的に食事にいっていいのか、などです。

　園としてルールを決めることで、職員も保護者からの誘いを断りやすくなります。職員の個人情報やプライバシーに関する意識だけではなく、園としてルールづくりをする必要もあります。

　蛇足ですが、職員と保護者が個別に連絡先を交換し、食事などを重ね、その過程で保護者が職員に好意を抱くようになった事例があります。この段階で職員が保護者に、「今後、個別に会うことはできない」と伝えたところ、この保護者は職員に「会ってくれないのであれば、今までのことを園に言いつける」といって、職員に会うことを強要したのです。職員を守るためにも、職員と保護者の距離感のルールは不可欠です。

（3）同じような経験、ありませんか？

❶連絡ノートに別の園児のことを書いてしまう書き間違い、連絡ノートの渡し
　間違い、連絡ノートに代わるICTソフトでの誤送信

原　因

・個人情報やプライバシー情報を扱っているという意識が低い

⬇

対　策

・連絡ノートや、連絡ノートに代わる ICT ソフトでの個人に対する送信メールは、
「個人情報やプライバシー情報の集合体」という意識を職員に定着させる
・保護者に渡すとき、メールを送信するときには宛名の再確認を徹底する

➡ 一度流出した個人情報やプライバシー情報は、二度と流出前の状況に戻
　らないことを肝に銘じる

❷不適切保育など、全保護者に説明が必要な場合に、保護者に配布する文書や
保護者会の説明で、園児が特定される情報を提供してしまう

原　因

・園の説明責任にばかり気をとられ、個人情報やプライバシー情報に対する
意識が低下してしまう

対　策

・このような場面でも、個人情報やプライバシー情報の漏えいを意識する必要
があるという意識をもつ
・最も有効な対策は、事前に当事者の保護者に園が発表する文書などの了
承を得ておくこと
・個人情報やプライバシー情報に関することは、園として回答を拒否する理由
になることを忘れない（情報漏えいという二次被害を出さないようにする意識
が重要）

　第2節3の(1)の事例のように、「園の内部の事情（他の園児や他の保護者のこと、他の職員のこと、園長の個人的な話など）」を保護者から聞かれたら、どうすればよかったのでしょうか。

　第2節3の(1)の事例の保育者が保護者に話した「園の内部の情報」の具体的な内容次第では、他の園児や保護者、他の職員のプライバシー権を侵害したり、保育士等の秘密保持義務や公務員の守秘義務に違反したり、私立幼稚園教諭であっても就業規則に違反している可能性があることは、44頁で解説したとおりです。

　そのため保育者は、保護者から自身の園児に対する教育・保育の提供とは関係ない他の園児・保護者や職員の個人情報・プライバシー情報の提供を求められた場合、きっぱりと断る必要がありました。

　保護者自身の園児に対する教育・保育の提供とは関係ない個人情報・プライバシー情報を保護者に伝えると、思わぬトラブルの元になることがあります。

　このような個人情報・プライバシー情報を聞かれても、「園のルールなので教えられません」と断りましょう。当該保護者の園児に対する教育・保育の提供とは関係ない個人情報・プライバシー情報を求められた場合には、そのことを主任や園長に報告しましょう。

　断ってもしつこく聞かれる、保護者の態度が悪化してしまった等の問題が起こった場合は、すぐに主任や園長に報告し、今後の対応について相談します。最近は、保護者からのカスタマーハラスメントともいうべき、「クレーム・言動の要求の内容の妥当性に照らして、当該要求を実現するための手段・態様が社会通念上不相当なものであって、当該手段・態様により、職員の就業環境が害されるもの」が増えている印象を受けます。

　園は、職員の就業環境の悪化を防ぎ、職員が気持ちよく働けるように、ハラスメントの相談体制を整える必要があります。保護者にも園のハラスメント対策の基本指針を理解してもらい、保護者にも法令を遵守することや、ハラスメント行為に加担しないようお願いすることが必要です。

3 情報の紛失

1. 園外での紛失

(1) 帰宅時に園児の情報を紛失

　本事例は、保育現場で起こる園児の個人情報の紛失例です。個人情報やプライバシー情報が記載された書類を園外に持ち出し、この書類が盗難の被害に遭い、個人情報・プライバシー情報を紛失させてしまったのです。

❶物理的な原因は何？

　情報の紛失の直接的な原因は盗難被害に遭ったことですが、その前提として、職員が個人情報やプライバシー情報が記載された書類を園外に持ち出したことも原因の一つです。

❷本質的な原因は何？

　保育施設における個人情報の漏えい・紛失においては、顧客情報の不正転売等のように園児や保護者の個人情報を自らの金銭的利益のために流失させる事例は聞いたことがありません。本事例で情報を紛失させた職員に関しても、おそらく自らの行動に罪の意識は一切ありません。むしろ、自宅に仕事を持ち帰って仕事をするつもりでいるため、「褒められこそすれ怒られる筋合いはない」という気持ちではないでしょうか。

　実はこの罪の意識がないということが、保育現場での個人情報の漏えい・紛失の大きな一因です。この場合の罪の意識とは、犯罪行為を行っているという厳格な意味ではなく、悪いことをしているという意識を指します。

　本事例の職員の意識で問題になる点は、個人情報に関する意識です。職員は、個人情報に価値があるということを認識していないのです。個人情報は悪意のある者の手に渡れば、平穏な生活が害されてしまいます。ある日突然、見ず知らずの他人に自分の氏名、生年月日、住所等が流失した場面を想定してみてください。もしかしたら、見ず知らずの他人が、子どもに親しげに話しかけて誘拐されてしまうかもしれません。家族構成と就業時間などが流失したら、自宅に誰もいない時間に空き巣に容易に侵入されてしまうかもしれません。このように、平穏な生活を害されることは容易に想像がつきます。

　皆さんも、迷惑メールが大量にメールアドレスに送られてきた経験があるでしょう。そのメールに自分の氏名が記載されていたら不安を覚えるでしょうし、場合によっては相手を容易に信用し、悪質な商法に引っかかってしまうかもしれませ

ん。だからこそ、個人情報は各種法令により保護されているのです。

　しかし私たちは、人の噂話などを聞く機会さえあれば、友人の個人情報・プライバシー情報を無料で手にすることができました。厳密にいうと個人情報といえるかは微妙ですが、「あの人はあの人が好き」「あの人の親御さんのお仕事は」「あの人の家族構成は」等など、無料で友人から仕入れた個人情報を、噂話と称して無料で友人に提供してきたのです。

　そのため、自分が仕入れた個人情報は自分のさじ加減一つで他人に渡すことに何の抵抗もありません。中には口が堅い人もいますが、今まで一度も噂話を他人に話したことがない人はいないと思います。

　このように、個人情報には価値があるということを意識せずに生活しているのが通常です。しかし、保育施設で働く職員には、園児の氏名や住所、身体に関することや、家庭の経済状況、場合によっては両親の離婚に関する情報等、各家庭の外部に流失されたくない情報が多数舞い込んできます。そのため、情報を保護するために保育士には守秘義務が課されているのです。

　上記のことからもわかるとおり、保育施設で働く職員は、とりわけ個人情報のもつ価値を把握しておかなければならないのです。

　にもかかわらず、事例の職員は園児の個人情報が記載されている書類を、無防備に園外に持ち出し、個人情報の流出の機会を作り出しています。車に施錠までしているのに無防備に個人情報を流出させたとはいえないのではないか？　という反論が想定されますが、これは反論としては成り立ちません。

　たとえば、保育現場で接している園児や保護者の個人情報は無料ではなく、100万円の価値があると想像してみてください。そして、この100万円は他人から預かっている100万円です。

　他人から預かっている100万円の現金を、施錠してあるとはいえ車内に置いて買い物に出かけますか？　私は他人から預かっている100万円を車内に置いて買い物には行けません。何があっても対応できるように肌身離さず持っています。そして、他人から預かっている100万円の現金を持っているのであれば、買い物になど行かず、すぐに自宅に帰ります。そもそも、紛失した場合を想定すると責任がもてないので、他人の100万円を園から持ち出しません。

　つまり、本事例の職員は個人情報がもつ価値を理解していなかったことが本質的な原因といえるのです。

❸本質的な原因への対応

　園児や保護者の個人情報に100万円の価値があるとすれば、どのような対応をしますか？　それがこの類型の個人情報の紛失の防止策です。

　まずは、職員個人が個人情報・プライバシー情報のもつ価値を適切に把握することです。そのためには、個人情報・プライバシー情報とはそもそもどのようなものなのか、個人情報・プライバシー情報がもつ価値について、園内研修などで職員が学ぶ場が必要です。

　次に、園として個人情報やプライバシー情報の取り扱いを厳格化する必要があります。そのためには、個人情報やプライバシー情報を園外に持ち出さないというルールづくりが大切です。

　個人情報には価値があります。施設内の個人情報は、施錠ができる場所など容易に持ち出せないような工夫をして保管する必要があります。やむを得ず、個人情報を園外に持ち出す際は、許可制にして職員個人の自由な判断による個人情報の園外への持ち出しは禁止する。そして、個人情報を園外に持ち出す際には、「いつ」「誰が」「何の目的」で持ち出すのか、「返却予定日」はいつなのかという、図書館の本の貸し出しのようなルールを作る必要があるのです。

（3）同じような経験、ありませんか？

❶帰宅途中にコンビニに寄り、駐輪した自転車の鞄に入れておいた個人情報を鞄ごと盗まれてしまう

原因

・個人情報・プライバシー情報の園外への持ち出し
・個人情報・プライバシー情報の有する価値の認識の欠如

⬇

対策

・園として、個人情報・プライバシー情報の保管方法・園外持ち出しのルールの作成
・職員の、個人情報・プライバシー情報の有する価値に関する教育の場

（補足ではなく本文画像内の文字のため略）

❷園外保育に持参した園のカメラ（その他、園児の情報が入っている名簿など）を置き忘れてしまう

ポイント

・園のデジタルカメラ等の中には園児・職員の画像が記録されている
・デジタルカメラよりもその中に記録されている画像のほうが価値は高い。デジタルカメラ自体は金銭で事態は収まるが、デジタルカメラに記録されている画像の紛失は金銭では解決できない

⬇

対策

・デジタルカメラ等の持ち歩きは、個人情報・プライバシー情報が記録されている高価なモノの持ち歩きであるという自覚

　第3節1の(1)の事例では、園児の個人情報が記載されている書類の入った鞄を盗難されています。これにより個人情報が紛失しており、二次被害（例：この車上荒らしが園児の個人情報を違法に利用したり、違法に流通させたりして、園児や保護者にさらなる被害を与える等）を防止する必要が生じています。

　そこで、行政（園を管轄する市区町村）に報告・相談の上、速やかに保護者に報告すべきと考えます。

　園は、事実関係を調査し、保護者に報告してください。その際には、謝罪と注意喚起も行ってください。二次被害の防止の観点から、保護者への注意喚起は必須です。また、園としての再発防止策を検討して、再発防止策も報告してください。

　個人情報保護法において、「個人データの漏えい等」とは、漏えい（個人データが外部に流出すること）、滅失（個人データの内容が失われること）又は毀損（個人データの内容が意図しない形で変更されることや、内容を保ちつつも利用不能な状態となること）のことをいいます。第3節1の(1)の事例の「園児の個人情報が記載されている書類」が、「個人情報データベース等」を構成する個人情報に該当する場合は、本事例は個人情報保護法上の「個人データの漏えい等」に該当します（「個人情報データベース等」や「個人データ」の定義については24頁を参照）。

　個人情報取扱事業者である園は、漏えい等又はそのおそれのある事案（以下「漏えい等事案」といいます）が発覚した場合は、漏えい等事案の内容等に応じて、次の❶から❺に掲げる事項について必要な措置を講じなければなりません[*7]。

　　❶事業者内部における報告及び被害の拡大防止
　　　責任ある立場の者に直ちに報告するとともに、漏えい等事案による被害が
　　　発覚時よりも拡大しないよう必要な措置を講ずる。
　　❷事実関係の調査及び原因の究明
　　　漏えい等事案の事実関係の調査及び原因の究明に必要な措置を講ずる。
　　❸影響範囲の特定
　　　上記❷で把握した事実関係による影響範囲の特定のために必要な措置を
　　　講ずる。

❹再発防止策の検討及び実施

上記❷の結果を踏まえ、漏えい等事案の再発防止策の検討及び実施に必
要な措置を講ずる。

❺個人情報保護委員会への報告及び本人への通知

第3節1の⑴の事例が、以下のi〜ivに該当する事案にあたれば、園から個人情
報保護委員会に報告することが義務づけられています[8]。

i 要配慮個人情報が含まれる個人データの漏えい等が発生し、又はそのお
それがある事案[9]

ii 不正に利用されることにより財産的被害が生じるおそれがある個人データ
の漏えい等が発生し、又はそのおそれがある事案[10]

iii 不正の目的をもって行われたおそれがある個人データの漏えい等が発生
し、又はそのおそれがある事案[11]

iv 個人データに係る本人の数が千人を超える漏えい等が発生し、又はその
おそれがある事案[12]

第3節1の⑴の事例が上記i〜ivに該当しない場合であっても、行政〔園を管轄す
る市区町村〕に報告・相談の上、保護者に報告する必要があることについては冒頭
の解説のとおりです。

2. 園内での紛失

（1）保育中にメモを紛失

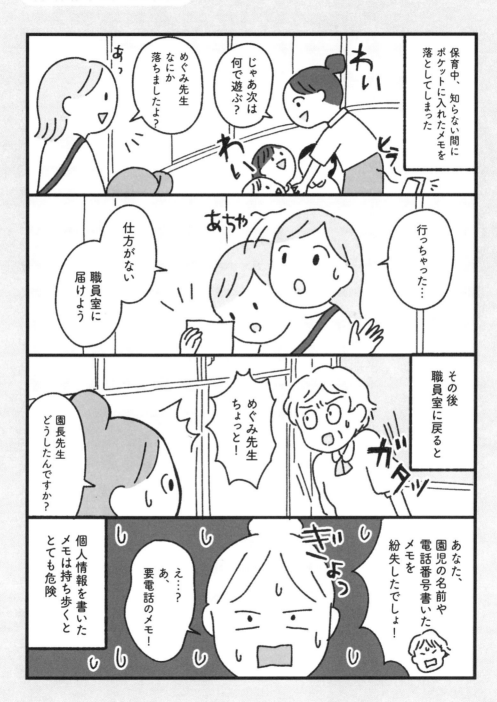

　園内で、保育者が園児の個人情報が記載されたメモをポケットに入れて携帯していた保育者が、保育中にメモを紛失してしまい、保護者がこのメモを拾い届けてくれた事例です。園内だからなくしてもすぐに別の保育者が見つけてくれるだろう、外部の人間が見ることもないだろうという認識の甘さが表れています。

❶物理的な原因は何？

　この場合、業務中に保育士が落し物をしてしまった、ということで園児の個人情報・プライバシー情報が漏えいしています。

　メモの中には、園児の氏名や生年月日、住所、アレルギー情報などの保育で配慮が必要なこと、さらには、園児のデリケートな情報などが記載されていたかもしれません。なかには、園児の保護者の情報や、送迎時の保護者対応の目安として、保護者の性格などの情報が記載されている可能性があります。このような保護者の性格などの情報は、見る人によっては、保護者の悪口という印象を与えてしまう可能性もある情報です。

　これらの情報を、園の職員以外に漏えいさせてしまうことは許されないということは、誰でもわかります。しかし、うっかりメモを落としてしまうのです。

❷本質的な原因は何？

　本事例では、ついうっかりメモなどを落としているわけですが、園児や保護者の個人情報・プライバシー情報というものは既述の通り、価値があります。そのため、価値がある個人情報・プライバシー情報を携帯しているという意識があれば、うっかりメモを落としてしまう頻度を減らすことができます。

　そのため、本事例においても個人情報・プライバシー情報の価値を適切に把握していないということが本質的な原因になります。

　しかし、それでも職員は人間です。人間であれば、ついうっかりメモを落としてしまうことをゼロにすることは不可能です。そのため、携帯しているメモを落としてしまうことを想定し、携帯するメモの記載内容に配慮する必要がありました。

　今回の事例では最悪の事態（メモを落としてしまうこと）が想定されていなかったので、園児の氏名や生年月日、住所、アレルギー情報などの保育で配慮が必要な

こと、さらには、園児のデリケートな情報など、見る人によっては、保護者の悪口という印象を与えてしまう可能性もある情報が漏えいしてしまったのです。

　加えて、落としてしまったメモを拾ったのが保護者という点が問題です。保育施設では玩具や小物等の誤嚥事故を防止するため、園内に落ちているモノには意識を高める必要があります。掲示物をとめているピンなど園児が誤嚥する可能性があるものが落ちていた場合、即座に発見し回収して、誤嚥事故を防ぐ必要があります。

　園内に落ちているモノに対する意識が高ければ、保護者よりも先に職員がメモを回収できた可能性が高く、個人情報・プライバシー情報の漏えいを防ぐことができたのです。

　※平成28年3月に内閣府から公表された「教育・保育施設等における事故防止及び 事故発生時の対応のためのガイドライン」では、重大事故が発生しやすい場面として❶睡眠中、❷プール活動・水遊び、❸誤嚥（食事中）、❹誤嚥（玩具、小物等）、❺食物アレルギー、とされています。

❸本質的な原因への対応

　まずは、携帯しているメモなどに園児や保護者の個人情報・プライバシー情報が記載されている場合、価値があるものを携帯しているという意識をもち、落としづらい場所に収納するということです。

　よくメモを落としてしまうのは、ノートの間にメモを挟む、ポケットに入れておくといった場合です。メモを携帯しないという方法が、本事例の最大の対応策ではありますが、業務上メモの携帯をせざるを得ない場合もあります。そのため、ポケットの中にメモを入れるにしても、ポケットの奥に入れておいたり、紛失していないか定期的にメモの存在を確認することが重要になります。

　また、メモを紛失してしまう事態を想定し、園児の名前はイニシャルにするなど個人を特定することが少しでも困難にする工夫も有効です。そして、保護者の悪口のように、何があっても外部に流失することが許されないものに関しては、証拠が残るようなことはしないことも重要です。

　最後に、園内に落ちているものは、園児の誤嚥事故を防ぐために、園内の職員が真っ先に拾うという意識改革も欠かせません。

　個人情報が紛失した場合に園が取るべき行政・保護者への対応と、その個人情報の紛失が個人情報保護法上の「個人データの漏えい等」に該当する場合の個人情報保護法上の対応については、63〜64頁で解説しました。

　ここでは、個人情報が紛失した場合の保育者への対応や園が取るべき措置について解説します。

　本事例では運良く、個人情報が記載されたメモが見つかっていますが、拾ってくれた保護者が個人情報を閲覧した可能性があります。個人情報を第三者に閲覧されないうちにすべて回収した場合は、漏えいに該当しませんが、本事例では閲覧されたか否かが不明なので、漏えいに該当する可能性があります。

　保育者が個人情報を漏えいした場合、漏えいの経緯、生じた被害など、具体的な事実に基づいて、保育者は就業規則上の処分を受けることになります。

　また、本事例の保育者の個人情報の漏えい行為により、具体的な損害が生じた場合、例えば、本事例のメモを拾い届けてくれた保護者が、このような個人情報を記載したメモを落とす保育者がいる園に対し不信感を抱き、このことが原因で園を退園した場合、得られるはずであった園児の保育料等が得られなくなり、園には金銭的な損害が生じます。民法上は、保育者に対し、不法行為に基づく損害賠償請求ができることになります[13]。

　ただしこの場合は、園が本事例の保育者を教育・指導していたかも問題となります。

　園は園内での情報管理を徹底していたのか、とりわけ個人情報の管理について、保育者に教育・指導していたのかを今一度見直し、本事例のような事態が二度と起こらないように、個人情報の取扱いについて、職員に再度の研修をすることなどが考えられます。

　園内で、個人情報の漏えいのヒヤリハット事例を集めて職員間で共有することも再発防止につながりますので、ぜひ行ってください。

4 | 外部への情報提供・発信

1. SNS の利用

(1) プライバシー情報の漏えい

　待機児童の問題が解消しつつある中での園児の募集の方法や、職員不足のための職員の新規採用の方法として、園関係者以外の不特定多数が目にすることができるホームページやSNSの活用が広がっています。

　このようなホームページやSNSに関しても、園児の写真や職員の写真が同意なく使用され、肖像権侵害といったプライバシー情報の漏えいは問題になります。

　また、園内向け（園だよりや園のSNS、卒園アルバムに掲載）の写真使用に同意をしていたとしても、園関係者以外の不特定多数が見ることのできる、ホームページやSNSでの写真の使用まで認めていないというトラブルも発生します。

❶物理的な原因は何？

　園関係者以外の不特定多数が見ることができるホームページやSNSで写真を使用する場合、50頁で解説したように、肖像権の侵害を常に意識しなければなりません。園関係者以外の不特定多数が見ることができるホームページやSNSは、園関係者のみが見ることを想定している場面よりも注意する必要があります。

　本事例も、園児の保護者や職員から肖像権の使用に関する同意書をとることなく写真を掲載しているため、プライバシー情報の漏えいが起きてしまうのです。

❷本質的な原因は何？

　園の良さをわかりやすく伝えたいとき、写真は、文章よりも視覚に訴えるために効果的です。そのため、ホームページやSNSを使用して園児募集や職員募集をする際、園児や職員の写真は使用されます。

　しかし、ここで立ち止まって考えてみましょう。園だよりや園のSNS、卒園アルバムに掲載の写真使用の同意書で、園関係者以外の不特定多数が見ることができるホームページやSNSでの使用まで保護者は同意しているのでしょうか?

　前提として、園関係者しか見ることが想定されていない園だよりや園のSNS、卒園アルバムに掲載の写真使用の同意がない園児や職員の写真の使用は許されません。しかし、このような方法の写真の使用に保護者や職員が同意しているからと油断してはいけません。

　このトラブルの原因は、園関係者向け（内部向け）の写真使用なのか、園関係者以外の不特定多数向け（外部向け）の写真使用なのかという、写真が使用される場

面を意識していないことにあります。

❸本質的な原因への対応

　園関係者以外の不特定多数向け（外部向け）に写真を使用する際、その都度、どのように写真が使用されるのかを具体的に、該当する保護者に提示して同意をとることが重要です。

　文書などで、あらかじめ園関係者以外の不特定多数向け（外部向け）に写真使用の同意書をとっていたとしても、保護者から「こんな使用方法は想定外だった」と言われてしまうこともあります。そのため、園関係者以外の不特定多数向け（外部向け）に写真使用をする際は、その都度、該当の保護者に確認をとることを忘れないようにしてください。

　また、職員の写真の使用に関しても、職員の同意が必要なことを忘れないでください。従業員だから園の園児獲得、新規職員採用に協力するべき、だから無断で職員の写真を使用していいとはならないことを忘れないでください。職員も肖像権を有している一人の個人なのです。

（3）同じような経験、ありませんか？

❶園の保育活動を園関係者以外の不特定多数が見ることができる、園のSNSなどに掲載したが、後日その保育内容は不適切だと炎上する

原因

・自分たちの保育内容をより多くの人に見てもらい、理解してもらいたいという気持ち
・SNSの更新頻度が多く、内容のチェックが不十分

⬇

対策

・不特定多数が見ることができるSNSでは、否定的な意見をもつ人がいることを念頭に置かなければならない
・そのため、内容が自分たちにとって適切かではなく、世の中から見て適切かという、客観的な視点が必要
・このような場合の情報発信はより慎重になる必要があり、一人の職員にまかせきりにせずに、複数人で最終チェックをする必要がある

❷学会での保育内容の発表のときに、写真使用の同意のない園児の写真を使用してしまった

原 因

・学会発表だからと、肖像権に意識することなく資料を作成してしまう

対 策

・このような場面でも、肖像権は保障されることを忘れない

➡ 著作権とはこの点大きく異なる。学会発表のときは著作権の保護は減少する

❸〈応用編〉

インターネット上に園に対する否定的な書き込みがされてしまった、この否定な書き込みにどのように対応すればいいのか?

ポイント

4つの場面の想定が必要
・書き込み自体に対する対応
・否定的な書き込みをしている者に対する対応
・園の利用者（保護者）に対する対応
・職員に対する対応

↓

対 策

　このような書き込みがあった場合、今後の園児募集、職員募集にマイナスの影響が出てしまうことは否定できません。とはいえ、書き込みの削除を依頼するにも予算がかかり、削除できたとしても再度同様の書き込みがされる可能性も否定できません。最終的には、書き込みの削除に使用できる予算が底をつき削除を断念せざるを得ない状況になってしまいます。

　そもそも、インターネット上に書き込まれたものは、書き込みを完全に消滅させることは困難です。そのため、このような場合、書き込みを消すことに意識を使う必要はないのではないでしょうか。

　このような書き込みに、インターネット上で園として反論する必要もありません。誤ったイメージをもたれたくないからと、否定的なコメントに反論している園を見ることがあります。しかし、どこの誰だかわからない人に反論する必要があるのでしょうか？　このような書き込みを見て不安になった園利用者たる保護者の問い合わせに個別に対応すれば十分です。

　インターネットは園の口コミの一つになりますが、インターネットだけが口コミの手段ではありません。問い合わせがあった保護者に丁寧に園の状況を説明することで、この保護者からの口コミで園の良いイメージは広がります。インターネットと接する際の心構えとしては、インターネットの先にいる、どこの誰だかわからない人に対応するよりも、目の前の一人の保護者に対応することが何よりも大切であることを忘れないようにしましょう。

　また、園に対する否定的な書き込みがあった場合、職員も精神的に沈んでしまいます。そのため、園長は職員に「否定的な口コミを気にせずに、いつもどおりの保育を提供し続けよう」というケアが必要になります。

　なかには、名誉棄損で訴えるという園長もいますが、これまでの説明からわかるとおり、インターネット上に園に否定的なコメントが記載されてしまった場合、当該コメントを気にしている余裕はありません。自分たちのいつもどおりの保育を提供するために時間と労力を使ってください。

　第4節1の⑶の③の事例のように、インターネット上に「園に対する否定的な書き込み」がされてしまった場合、その書き込みが、事実を摘示することにより園の社会的評価を低下させるものであれば、法律上の「名誉毀損」に該当します。

　書き込みによる名誉毀損に対して、法律上は次のような手段が採り得ます。

❶書き込みをした人物を名誉毀損罪[*14]で告訴する（刑事）

❷書き込みをした人物に対して、損害賠償請求[*15]をする（民事）

❸書き込んだサイトの運営者等に対して、その投稿の削除請求をする（民事）

❹書き込んだ人物に対して、名誉を回復するのに適当な処分（名誉回復措置。いわゆる謝罪広告）をすることを請求する[*16]（民事）

　また、書き込みが、事実を摘示することなく園を侮辱するものであれば、刑事上の「侮辱罪」[*17]に該当します。さらに、虚偽の風説を流布（客観的な事実に反することを不特定多数に伝えること）したり、偽計を用い（人を欺く、人の錯誤や不知を利用する）たりすることによって人の業務（園運営）を妨害する場合は、刑事上の「偽計業務妨害罪」[*18]に該当します。

　「侮辱罪」や「偽計業務妨害罪」といった刑事上の犯罪に該当する場合は、園は書き込みをした人物をそれぞれの罪で告訴することができます。また、民事上の不法行為に該当しますので、書き込みをした人物に対して損害賠償請求をしたり、書き込んだサイトの運営者等に対して、その投稿の削除請求をするという手段がとりえます。

　第4節1の⑶の③の事例のようにインターネット上に「園に対する否定的な書き込み」がされてしまった場合、書き込みをした人物がわかるのであれば、直接削除を求めるのが一番早い解決方法です。メール、手紙、その他の適宜の方法で削除を依頼してください。

　筆者の経験では、書き込んだ保護者に対し、園の理事長が民事上の不法行為や刑事上の犯罪に該当する旨を告知し、削除するよう直接手紙で求めたところ、書き込みをした保護者が、園に対する誹謗中傷の書き込みを削除し、理事長に謝罪に来た事例があります。また、園の事例ではありませんが、被害を警察に届け出て、警察が関係先に任意の事情聴取をした結果、書き込みをした人物が慌てて書

き込みを削除した事例などもあります。

　その他、現に働いている保育者が、勤務先への不満を募らせて、保育者の転職サイトの口コミ欄に、園に対する否定的な書き込みをすることがあります。当該園への就職希望者が、その転職サイトの口コミ欄を見て、就職希望を撤回する可能性がありますので、園としては放置すべきではありません。筆者が知る範囲では、その転職サイトの運営者に園が連絡をして、その転職サイトの運営者が運営している別の求人広告に園が求人を出していることを伝えた上で、削除を求めたところ、簡単に削除してくれたという事例もあります。

5 | その他

1. 退職した職員の守秘義務

職員が退職後、在職中に知りえた園児や保護者、他の職員のプライバシー情報や個人情報を漏えいしてしまった

ポイント

・退職後も守秘義務は引き続き負っている
※「正当な理由がなく、その業務に関して知り得た人の秘密を漏らしてはならない。保育士でなくなった後においても、同様とする。」（児童福祉法第18条の22、下線筆者）

対 策

・退職時に、退職後の守秘義務に関する説明、及び退職後の守秘義務誓約書の作成が必要

2. 感染症に罹った園児の公表

新型コロナウイルス感染の園児の氏名は保護者に公表していなかったが、ある保護者から「〇〇君がコロナに感染したの?」と聞かれた職員が「そうなんです」と答えてしまった

ポイント

・新型コロナウイルスの感染などの情報もプライバシー情報に含まれる

⬇

対策

新型コロナウイルスの感染などの情報はプライバシー情報である。そのため、園がコロナ感染の園児の氏名を公表してはいけない。しかし、当該園児以外の保護者は翌日以降の仕事に出勤できるのかといった理由から、誰がコロナ感染者であるかは重大な関心事だろう。

事例のような質問を保護者からされた場合「どなたがコロナに感染したかは、プライバシー情報に含まれるため、園としてはお答えできません。濃厚接触者には別途ご連絡をいたしますので、ご理解ください」といった受け答えをするべきである。

3. マイナンバーの保管

職員のマイナンバーを施錠できない本棚に保管していた

ポイント

・個人情報の中には、保管方法を法令が定めているものもある
・マイナンバー法（正式名称「行政手続における特定の個人を識別するための番号の利用等に関する法律」）では、マイナンバーは廃棄されるまで正しく管理することを義務づけている。例えば、鍵がかかるキャビネットの中に保管するなど、容易に他者から見られない場所に保管する必要がある

対策

・思い込みや過去の習慣にとらわれず、最低限の法令の理解が必要

4. 就学先への情報提供

　園児の小学校への進学や他園への転園で、小学校や転園先の園に、園児の情報共有をする場合、どの程度の情報共有が必要か？

ポイント

・関係機関との園児の情報共有は重要だが、あまりにも個人的な話（園児や保護者の性格面などの話）は個人情報・プライバシー情報の漏えいの可能性もある

⬇

対 策

・事実の報告と主観的な報告を区別し、主観的な報告は避ける
※事実の報告とは、客観的に起きていること（例）登園日数など
　主観的な報告とは、園児や保護者に対する個人的な評価

　保育所は、保育所保育指針[19]第2章4(2)に基づき、園児の育ちを支えるための資料である「保育所児童保育要録」(保育要録)を就学先となる小学校へ送付することとなっています。

　幼稚園は、学校教育法施行規則第24条第2項に基づき、幼稚園の園長が「幼稚園幼児指導要録」(指導要録)を作成し、これを小学校等の校長に送付しなければなりません。また、同条第3項に基づき、幼稚園の園長は、園児の転園先の施設の長に、指導要録を送付しなければならないこととなっています(幼保連携型認定こども園における「幼保連携型認定こども園園児指導要録」(園児指導要録)についても、認定こども園法施行規則第30条第2項及び同条第3項に基づき、同様です)。

　これらの要録には、園児の氏名、生年月日等の個人情報や、保育における援助の視点や配慮を踏まえた「育ちの姿」[20]「園児の学籍並びに指導の過程及びその結果の要約」[21]が記載されることとなっています。そのため、園児の病歴などの要配慮個人情報やプライバシー情報が記載される場合もあります。

　これらの要録は、個人情報やプライバシー情報に該当することを十分に認識し、適切に取り扱う必要があります。

　また、これらの要録につき、保護者から開示請求があった場合、原則として開示するのが昨今の流れです。そのため、保護者に開示した場合に園と保護者とのトラブルになりそうな表現や記載は控えましょう。特に、保育所児童保育要録の作成に当たっては、「保護者との信頼関係を基盤として、保護者の思いを踏まえつつ記載するとともに、その送付について、入所時や懇談会等を通して、保護者に周知しておくことが望ましい」[22]とされています。

　同じ事柄を伝えたい場合でも、表現に気を配ることでトラブルを回避しつつ、必要な情報は伝えるなどの工夫をしてください。

　個人情報の第三者提供には、原則として本人(園児の場合は保護者)の同意が必要とされるところ、これらの要録を小学校に送付すること、及び指導要録(又は園児指導要録)を転園先に送付することは、「法令に基づく場合」に該当しますので、第三者提供についての保護者の同意は不要です[23]。

5. 保護者間のトラブル

　離婚調停中の園児の母親から、園に「父親が迎えに来ても子どもを引き渡さないでほしい」という依頼があり、園はこれを承諾した。問題はないのか?

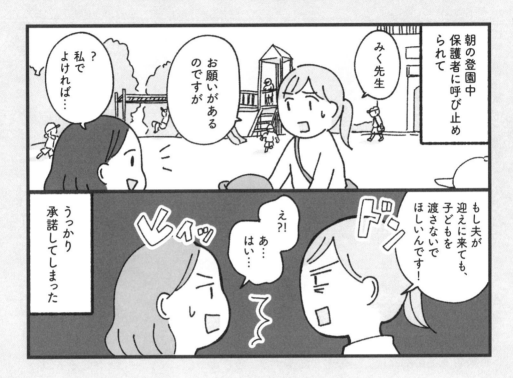

ポイント

・夫婦のトラブルに園が巻き込まれる必要はない

対策

　園は家庭のプライバシーに接する機会が多く、離婚問題もその一例である。母親からは父親のDVが酷いといったエピソードが付け加わるかもしれない。
　一方、当事者の意見を園は鵜呑みにしてはいけない。本事例の場合、父親に監護権があるかぎり、園としては父親に子どもを引き渡さなくてはならない。本事例の場合、「園としては父親が母親より早く迎えに来た場合、子どもの引き渡しをしなければなりません。もし、父親に引き渡してほしくないというのであれば、ご主人がその旨納得していることが確認できる書類などをご提出してください」という対応が適切である。

「選ばれる園」になるために
──情報発信のメリット

少子化による保育所等の課題

　長年にわたり、日本における保育政策の中心は「待機児童問題」でした。女性の就労支援や少子化対策で、子どもの受け皿としての「量」の拡大が急がれ、都市部を中心に全国の自治体で施設整備が進められてきました。

　しかし、コロナ禍で少子化が加速し、本格的な人口減少の社会になり、現在は多くの自治体で保育所が供給超過になります。厚生労働省によると、2021（令和3）年4月時点で「待機児童ゼロ」の市町村は8割を超えています*。それに伴い利用者の偏在などの要因で、定員を満たさない園（定員割れ）の声が多く聞かれるようになりました。東京都新宿区では、2022（令和4）年4月からの利用申し込みが、9割の園で定員を満たさなかったという調査結果が出ています。

　今後もこの動向は、少子化が加速することにより続いていくことになると思います。ただし逆をいえば、1割の園は従来どおり定員を満たしていることになります。さまざまな要因があるとは思いますが、その1割の園は利用する保護者から"選ばれている"ということになります。

　"選ばれる"ためにはまず、保護者に園の存在を知っていただくことが必要です。知られていないということは、保護者にとって世の中に存在しないのと同じことになってしまいます。

＊「保育所等関連状況取りまとめ（令和3年4月1日）」

ICTを活用し、保護者の口コミを促す

　子どもたちのためを思ってしっかりとした取り組みやかかわりをしているのに、地域の保護者に園の想いや魅力が伝わっていないはもったいないことです。自園の想いや魅力を整理し、園を選ぶ保護者・地域に知っていただくために、あらゆる手段で情報の発信が必要になります。

　園の存在や活動を知っていただくのに一番効果的なのは、何といっても"口コ

ミ"です。その口コミできっかけとなるのがSNSです。

　園を利用する20代〜40代の保護者の多くが、SNSのヘビーユーザーです。日頃からSNSを通じて、あらゆる情報を得ています。

　また、新しく園を利用していただく保護者向けの発信だけではなく、現在利用中の保護者に対し、日頃の保育を可視化し、理解・協力を得るためにも、ドキュメンテーション等の可視化された記録の共有が求められています。

　昨今、急速に導入がすすんだICTの活用により、園では情報を共有できる環境が整ってきています。園の活動を見た保護者が、園の様子を知るだけでなく、家庭で同じことを繰り返し行うことで、子どもへのかかわりにも一貫性が生まれます。

　これは、職員の採用においても同じことがいえます。どんな理念の下で保育事業が行われているのか、どんな保育者と一緒に働いていくのか等を伝えていくことで、求職者の興味・関心につながります。

　若い世代の学生向けにも、日頃から活用し身近にあるSNSによる発信が効果的です。"選ばれる園"づくりには外部への情報発信は必要不可欠で、大いにメリットがあるといえます。

写真1　保育所のInstagram構築例

写真2　社会福祉法人清香会（福岡県豊前市）のInstagram画面（採用ページ）

＊1　民法第709条

＊2　児童福祉法第18条の22「保育士は、正当な理由がなく、その業務に関して知り得た人の秘密を漏らしてはならない。保育士でなくなつた後においても、同様とする。」

＊3　地方公務員法第34条第1項「職員は、職務上知り得た秘密を漏らしてはならない。その職を退いた後も、また、同様とする。」

＊4　児童福祉法第61条の2第1項、地方公務員法第60条第2項

＊5　最判昭和44年12月24日刑集23巻12号1625頁、最判平成17年11月10日民集59巻9号2428頁、最判平成24年2月2日民集66巻2号89頁

＊6　民法第709条

＊7　個人情報保護法ガイドライン3-5 個人データの漏えい等の報告等（法第26条関係）

＊8　個人情報保護法第26条第1項

＊9　個人情報保護法施行規則第7条第1号

＊10　同条第2号

＊11　同条第3号

＊12　同条第4号

＊13　民法第709条

＊14　刑法230条「公然と事実を摘示し、人の名誉を毀損した者は、その事実の有無にかかわらず、3年以下の懲役若しくは禁固又は50万円以下の罰金に処する。」

＊15　民法第709条

＊16　民法第723条、ただし、実務上は認められるケースは稀です。

＊17　刑法第231条「事実を摘示しなくても、公然と人を侮辱した者は、1年以下の懲役若しくは禁錮若しくは30万円以下の罰金又は拘留若しくは科料に処する。」

＊18　刑法第233条「虚偽の風説を流布し、又は偽計を用いて、人の信用を毀損し、又はその業務を妨害した者は、3年以下の懲役又は50万円以下の罰金に処する。」

＊19　平成29年厚生労働省告示第117号

＊20　厚生労働省「保育所保育指針解説（平成30年2月）」300頁

＊21　文部科学省「幼稚園及び特別支援学校幼稚部における指導要録の改善について（通知）」平成30年3月30日付け29文科初第1814号

＊22　厚生労働省「保育所保育指針の適用に際しての留意事項について」平成30年3月30日付け子保発0330第2号

＊23　個人情報保護法第27条第1項第1号

職員への個人情報・プライバシー情報についての教育

定期的な教育の機会の必要性

　保育所等で働く個々の職員が、個人情報・プライバシー情報のもつ価値を適切に把握し、個人情報・プライバシー情報とはそもそもどのようなものなのかを学ぶ場をもつことが必要です。最低でも年に一度は研修などの教育の機会を作りましょう。研修により、職員の情報に対する意識を高めていくことが必要です。その「意識」とは、主に次のようにまとめられます。

- 個人情報・プライバシー情報に関する会話とそうではない会話を区別し、保護者の出入りが想定される場所ではしてはならないという意識。
- 職員同士の会話だからといって、いつどこで聞かれてしまうかわからないので、油断してはいけないという意識。
- 園内・業務時間以外でも守秘義務を負っているという意識。
- 肖像権を理解し、園児の保護者の同意があってはじめて、当該園児の写真を掲載できるという意識。
- 職員と園児の保護者という適切な距離感を保つという意識。
- 個人情報には価値があるという意識。

　定期的な教育の機会を作ることで、職員の個人情報・プライバシー情報に関する意識は大きく変わることでしょう。現在園内で保有している個人情報・プライバシー情報はどのようなものかを明らかにし、その「利用目的」を明確にすることで、取り扱いに関する理解が深まります。理解が深まることで、目的外の利用についても防ぐことができます。

園の対策として、ルールを作ることも必要です。第3章でお伝えした対策をまとめると、

- 個人のスマートフォンの保育現場への持ち込みを禁止する（園で専用のスマートフォンを用意）。
- 一人の職員に掲載写真の判断を任せるのではなく、二人以上の職員で確認する。
- 園として、職員と保護者の距離感を決める。
- 個人情報やプライバシー情報を園外に持ち出すことを禁止する。

　となります。ルールを作り、職員間での認識のレベルを統一させることにより、園や職員を守ることができるでしょう。

　さらに、保護者や職員と同意書や誓約書を取り交わすことも必要になります。保護者や職員に園内での写真撮影と写真の使用（外部への発信も含む）に関する同意書や入社時の守秘義務誓約書が該当します。特に退職後の守秘義務に関する説明は重要です。

　時間をとっていただき、先々トラブルにならないように丁寧に説明しましょう。

「プライバシーポリシー」の作成

　プライバシーポリシーとは、「個人情報とプライバシー情報の取扱い方法を示すための指針」です。プライバシーポリシーの役割は、個人情報の利用目的や取り扱い方法を保護者に伝えることです。どのような管理のもとに取り扱うのかを明らかにすることで、保護者に安心感を与えることができます。作成した「プライバシーポリシー」はホームページ等へ掲載をし、誰もが容易に見られる状態にしましょう。

　また、保護者が来園したときに見える場所に掲示することをお勧めします。職員の目にも留まり、日頃から各情報の取り扱いを意識してもらうことが期待されます。

巻末資料

1. 講ずべき安全管理措置の内容

個人情報保護法上、事業者が具体的に講じなければならない措置と、中小規模
事業者向けの当該措置を実践するための手法の例は以下のとおりです。

講じなければならない措置		手法の例
1 基本方針の策定		・「事業者の名称」、「関係法令・ガイドライン等の遵守」、「安全管理措置に関する事項」、「質問及び苦情処理の窓口」等の項目を策定
2 個人データの取扱いに係る規律の整備		・個人データの取得、利用、保存等を行う場合の基本的な取扱方法を整備する。
3 組織的安全管理措置	（1）組織体制の整備	・個人データを取り扱う従業者が複数いる場合、責任ある立場の者とその他の者を区分する。
	（2）個人データの取扱いに係る規律に従った運用	・あらかじめ整備された基本的な取扱方法に従って個人データが取り扱われていることを、責任ある立場の者が確認する。
	（3）個人データの取扱状況を確認する手段の整備	
	（4）漏えい等事案に対応する体制の整備	・漏えい等事案の発生時に備え、従業者から責任ある立場の者に対する報告連絡体制等をあらかじめ確認する。
	（5）取扱状況の把握及び安全管理措置の見直し	・責任ある立場の者が、個人データの取扱状況について、定期的に点検を行う。
4 人的安全管理措置	従業者の教育	・個人データの取扱いに関する留意事項について、従業者に定期的な研修等を行う。 ・個人データについての秘密保持に関する事項を就業規則等に盛り込む。

5 物理的安全 管理措置	（1）個人データを取り扱う区域の管理	・個人データを取り扱うことのできる従業者及び本人以外が容易に個人データを閲覧等できないような措置を講ずる。
	（2）機器及び電子媒体等の盗難等の防止	・個人データを取り扱う機器、個人データが記録された電子媒体又は個人データが記載された書類等を、施錠できるキャビネット・書庫等に保管する。 ・個人データを取り扱う情報システムが機器のみで運用されている場合は、当該機器をセキュリティワイヤー等により固定する。
	（3）電子媒体等を持ち運ぶ場合の漏えい等の防止	・個人データが記録された電子媒体又は個人データが記載された書類等を持ち運ぶ場合、パスワードの設定、封筒に封入し鞄に入れて搬送する等、紛失・盗難等を防ぐための安全な方策を講ずる。
	（4）個人データの削除及び機器、電子媒体等の廃棄	・個人データを削除し、又は、個人データが記録された機器、電子媒体等を廃棄したことを、責任ある立場の者が確認する。
6 技術的安全 管理措置	（1）アクセス制御	・個人データを取り扱うことのできる機器及び当該機器を取り扱う従業者を明確化し、個人データへの不要なアクセスを防止する。
	（2）アクセス者の識別と認証	・機器に標準装備されているユーザー制御機能（ユーザーアカウント制御）により、個人情報データベース等を取り扱う情報システムを使用する従業者を識別・認証する。
	（3）外部からの不正アクセス等の防止	・個人データを取り扱う機器等のオペレーティングシステムを最新の状態に保持する。 ・個人データを取り扱う機器等にセキュリティ対策ソフトウェア等を導入し、自動更新機能等の活用により、これを最新状態とする。
	（4）情報システムの使用に伴う漏えい等の防止	・メール等により個人データの含まれるファイルを送信する場合に、当該ファイルへのパスワードを設定する。
7 外的環境の把握		・外国において個人データを取り扱う場合、当該外国の個人情報の保護に関する制度を把握した上で、安全管理措置を実施する。

2. 委託先管理に関する着眼点

委託先を監督してますか？

ウェブサイト等の構築や運営にあたり、個人データの取扱いの全部又は一部を外部の業者に委託する場合は、個人データの安全管理が図られるよう委託先に対する必要かつ適切な監督を行わなければなりません。

当委員会には、不正アクセス（※1）によるECサイトや会員用ウェブサイトにおける情報漏えい事案が多く報告されており、不正アクセスに対するセキュリティ対策について、委託先に任せっきりにせず委託元の事業者も取り組む必要があります。

個人データの委託先への提供にあたり次の事項に留意してください

① **適切な委託先の選定**

委託先において、適切な安全管理措置（※2）が確実に実施されていることを事前に確認する必要があります。

② **委託契約の締結**

業務の委託にあたり、個人データの取扱いに関する、必要かつ適切な安全管理措置について、委託元・委託先が双方同意した内容と共に、委託先における委託された個人データの取扱い状況を委託元が把握できる内容を契約に盛り込みましょう（※3）。

③ **委託先における個人データ取扱状況の把握**

委託元は委託先に対し、個人データの取扱状況について、定期的な監査等により、委託契約で盛り込んだ内容の実施状況を把握しましょう。

なお、委託先が別の業者に再委託を行い個人データを提供する場合、委託先と同様の監督が必要となります。

※1　不正アクセスに関する注意喚起についてはこちらを参考にしてください。
　　（https://www.ppc.go.jp/news/careful_information/）
※2　安全管理措置についてはこちらを参考にしてください。
　　（https://www.ppc.go.jp/personalinfo/hiyarihatto/）
※3　一般的な業務委託契約にはセキュリティに関する項目が含まれていないことが多いので、確認の上、セキュリティ対策を盛り込む必要があります。

PPC 個人情報保護委員会
Personal Information Protection Commission

出典：個人情報保護委員会ウェブサイト（https://www.ppc.go.jp/personalinfo/legal/leakAction/）

3. 確認記録義務の詳細

　第2章3の(1)に既述のとおり、第三者に個人データを提供した場合、第三者から個人データの提供を受けた場合は、一定事項を確認・記録する必要があります（法第29条、第30条）。

　記録・確認事項は以下のとおりです。記録の保存期間は原則3年です。

提供者の記録事項

	提供年月日	第三者の氏名等	本人の氏名等	個人データの項目	本人の同意等
オプトアウト*による第三者提供	○	○	○	○	
本人の同意による第三者提供		○	○	○	○

受領者の記録事項

	提供を受けた年月日	第三者の氏名等	取得の経緯	本人の氏名等	個人データの項目	個人情報保護委員会による公表	本人の同意等
オプトアウトによる第三者提供	○	○	○	○	○	○	
本人の同意による第三者提供		○	○	○	○		○
私人などからの第三者提供		○	○	○	○		

*オプトアウト
本人の求めに応じて当該本人が識別される個人データの第三者への提供を停止する場合、本人の同意を得ることなく第三者に個人データを提供することができる制度です（法第27条第2項）。
オプトアウトにより個人データを第三者に提供する場合は、必要な事項を個人情報保護委員会に届け出なければなりません。個人情報保護委員会は、届け出のあった事項を公表することとなっており、個人情報保護委員会のウェブサイトで、オプトアウトを行っている事業者や、第三者提供されている個人データの項目などを確認することで、本人が当該第三者提供の停止を求めることができます。

記録義務の例外は次のとおりです。

○本人との契約等に基づいて提供する場合は、記録は当該契約書その他の
書面とすることができます。

○反復継続して提供する場合は、包括的な記録とすることができます。

○以下の場合には記録義務は適用されません。

・本人による提供と整理できる場合

（例：SNS上で、投稿者のプロフィール、投稿内容等を取得する場合）

・本人に代わって提供していると整理できる場合

（例：本人から、別の者の口座への振込依頼を受けた仕向銀行が、振込先の口座を
有する被仕向銀行に対して、当該振込依頼に係る情報を提供する場合）

・本人側への提供と整理できる場合

（例：金融機関の営業員が、家族と共に来店した顧客に対して、保有金融商品の損
益状況等を説明する場合）

・受領者にとって「個人データ」に該当しないと整理できる場合

（例：営業担当者が、取引先を紹介する目的で、データベースとして管理しているファ
イルから名刺1枚を取り出してそのコピーを他の営業担当者に渡す場合）

4. 個人情報に関する同意書について

　個人情報・プライバシー情報の同意書を保護者から取り付ける場合の留意点として、

　①園内向けの個人情報・プライバシー情報の使用の同意書
　※園関係者しか見ることを想定されていない場面での個人情報・プライバシー
　　情報の使用の同意書
　（想定している場面）園だより、保護者しか見ることができない園のSNS等
　②園関係者以外の第三者向けの個人情報・プライバシー情報の使用の同意書
　※園関係者以外が見ることが想定されている場面での個人情報・プライバシ
　ー情報の使用の同意書
　（想定している場面）園のホームページ、保護者以外も見ることができる園のSNS
　　等

　この2点では、保護者の認識が異なるということです。

　保護者の中には、①の場面では子どもの写真使用を認めるが、②の場面では子どもの写真使用は認めないという方もいらっしゃいます。

　そのため、①と②は本来別個の同意書を取り付けるほうが、事後的なトラブルを回避することができます。
　しかし、同意書はできる限りまとめてしまいたい、そのほうが同意書の回収・保管・運用上合理的という現場の声も存在します。
　合理性を優先させて、①と②をまとめた1つの同意書を取り付ける場合には、事前に保護者に、園内向けの利用に対する同意と、園外向けの利用に対する同意の双方が含まれていることを説明し、保護者の同意の対象に誤解が生じないようにする必要があります。
　同意書を取り付ける場合には、事後的なトラブルをできる限り回避する必要があることを忘れないようにしてください。

巻末資料

個人情報使用同意書

貴園への入園に当たり、私及び私の子ども並びにその家族に係る個人情報について、以下の目的のために必要最小限の範囲内において使用することに同意します。

○入園案内やホームページ等に写真を掲載すること

○保育の様子をドキュメンテーションやポートフォリオに活用した写真を園内の掲示板に掲示すること

○小学校への円滑な移行が図れるよう、卒園に当たり入学する予定の小学校との間で情報を共有すること

○他の園等へ転園する場合、その他兄弟が別の施設等に在籍する場合において、他の施設との間で必要な連絡調整を行うこと

○緊急時において、病院その他関係機関に対し必要な情報提供を行うこと

●●園　園長　●●●● 様

　　　　　　　　　　　　　　　　　　　年　　月　　日

　　　　　　　　住 所

　　　　　　　　園児名
　　　　　　　　保護者名　　　　　　　　印
　　　　　　　　続 柄

●●園

個人情報取り扱いに関する同意書

●●園（以下、当園）は、『個人情報の保護に関する法律』及び関連法令等を遵守し、当園の個人情報管理規程に従い、個人情報を取り扱います。つきましては、下記の利用目的をご確認頂き、本「個人情報取り扱いに関する同意書」の提出をお願い致します。

個人情報の利用目的は以下のとおりです。

① 入卒園管理等の乳幼児の管理

② 園だよりへの、乳幼児名・生年月日等の掲載

③ ホームページや広報誌及び園のパンフレットへの写真の掲載

④ 研究発表等のための園内の写真及び映像紹介

⑤ 事故等の内部管理

⑥ 会計・経理

⑦ 園内における乳幼児の活動の写真の掲示

⑧ 運動会等行事における子どもたちの紹介

⑨ 写真、ビデオ等の販売

⑩ SNSへの写真掲載

上記の個人情報取り扱いに関する同意事項について同意します。

（署名欄）同意署名日：　　　　年　月　日

園児名

保護者氏名（父）　　　　　印

保護者氏名（母）　　　　　印

巻末資料

保護者各位

●●園

個人情報の取り扱いについて

日頃より当園の運営にご理解ご協力いただき、ありがとうございます。

個人情報保護法に基づき、以下の内容について保護者の方の同意書を頂き
たく、ご記入の上ご提出ください。

なお、個人情報の取り扱いにつきましては、当園ホームページの「プライ
バシーポリシー」に従って適正に取り扱ってまいります。

「プライバシーポリシー」は、インターネットの下記ホームページにおい
て公表し、いつでも閲覧していただけます。

　http://www.▲▲▲.maru maru en.jp/privacy/

-------------------------------- キリトリ --------------------------------

同意書

＊「同意する」または「同意しない」に〇をご記入ください。

	同意する	同意しない
1　園だより、クラスだよりへの写真掲載		
2　ホームページ及びブログやSNSへの写真掲載		
3　園内及びパンフレット等への写真掲載（園児の皆様の顔が認識できないものや、掲載の承諾をいただいたものを使用）		
4　行事や日常保育のビデオ撮影及び保護者の園での鑑賞		
5　卒園・退園後における園からの行事イベント等のご案内やご連絡		

　　　　　　　　　　　　　　　　　　　　年　　月　　日

　　　　（　　　　）組　園児氏名（　　　　　　　　）

　　　　　　　　　保護者氏名（　　　　　　　　）

5. 個人情報の保護に関する法律

平成十五年法律第五十七号

第一章　総則

（目的）

第一条　この法律は、デジタル社会の進展に伴い個人情報の利用が著しく拡大していることに鑑み、個人情報の適正な取扱いに関し、基本理念及び政府による基本方針の作成その他の個人情報の保護に関する施策の基本となる事項を定め、国及び地方公共団体の責務等を明らかにし、個人情報を取り扱う事業者及び行政機関等についてこれらの特性に応じて遵守すべき義務等を定めるとともに、個人情報保護委員会を設置することにより、行政機関等の事務及び事業の適正かつ円滑な運営を図り、並びに個人情報の適正かつ効果的な活用が新たな産業の創出並びに活力ある経済社会及び豊かな国民生活の実現に資するものであることその他の個人情報の有用性に配慮しつつ、個人の権利利益を保護することを目的とする。

（定義）

第二条　この法律において「個人情報」とは、生存する個人に関する情報であって、次の各号のいずれかに該当するものをいう。

一　当該情報に含まれる氏名、生年月日その他の記述等（文書、図画若しくは電磁的記録（電磁的方式（電子的方式、磁気的方式その他人の知覚によっては認識することができない方式をいう。次項第二号において同じ。）で作られる記録をいう。以下同じ。）に記載され、若しくは記録され、又は音声、動作その他の方法を用いて表された一切の事項（個人識別符号を除く。）をいう。以下同じ。）により特定の個人を識別することができるもの（他の情報と容易に照合することができ、それにより特定の個人を識別することができることとなるものを含む。）

二　個人識別符号が含まれるもの

2　この法律において「個人識別符号」とは、次の各号のいずれかに該当する文字、番号、記号その他の符号のうち、政令で定めるものをいう。

一　特定の個人の身体の一部の特徴を電子計算機の用に供するために変換した文字、番号、記号その他の符号であって、当該特定の個人を識別することができるもの

二　個人に提供される役務の利用若しくは個人に販売される商品の購入に関し割り当てられ、又は個人に発行されるカードその他の書類に記載され、若しくは電磁的方式により記録された文字、番号、記号その他の符号であって、その利用者若しくは購入者又は発行を受ける者ごとに異なるものとなるように割り当てられ、又は記載され、若しくは記録されることにより、特定の利用者若しくは購入者又は発行を受ける者を識別することができるもの

3　この法律において「要配慮個人情報」とは、本人の人種、信条、社会的身分、病歴、犯罪の経歴、犯罪により害を被った事実その他本人に対する不当な差別、偏見その他の不利益が生じないようにその取扱いに特に配慮を要するものとして政令で定める記述等が含まれる個人情報をいう。

4　この法律において個人情報について「本人」とは、個人情報によって識別される特定の個人をいう。

5　この法律において「仮名加工情報」とは、次の各号に掲げる個人情報の区分に応じて当該各号に定める措置を講じて他の情報と照合しない限り特定の個人を識別することができないように個人情報を加工して得られる個人に関する情報をいう。

一　第一項第一号に該当する個人情報　当該個人情報に含まれる記述等の一部を削除するこ

と（当該一部の記述等を復元することのできる規則性を有しない方法により他の記述等に置き換えることを含む。）。

二　第一項第二号に該当する個人情報　当該個人情報に含まれる個人識別符号の全部を削除すること（当該個人識別符号を復元することのできる規則性を有しない方法により他の記述等に置き換えることを含む。）。

6　この法律において「匿名加工情報」とは、次の各号に掲げる個人情報の区分に応じて当該各号に定める措置を講じて特定の個人を識別することができないように個人情報を加工して得られる個人に関する情報であって、当該個人情報を復元することができないようにしたものをいう。

一　第一項第一号に該当する個人情報　当該個人情報に含まれる記述等の一部を削除すること（当該一部の記述等を復元することのできる規則性を有しない方法により他の記述等に置き換えることを含む。）。

二　第一項第二号に該当する個人情報　当該個人情報に含まれる個人識別符号の全部を削除すること（当該個人識別符号を復元することのできる規則性を有しない方法により他の記述等に置き換えることを含む。）。

7　この法律において「個人関連情報」とは、生存する個人に関する情報であって、個人情報、仮名加工情報及び匿名加工情報のいずれにも該当しないものをいう。

8　この法律において「行政機関」とは、次に掲げる機関をいう。

一　法律の規定に基づき内閣に置かれる機関（内閣府を除く。）及び内閣の所轄の下に置かれる機関

二　内閣府、宮内庁並びに内閣府設置法（平成十一年法律第八十九号）第四十九条第一項及び第二項に規定する機関（これらの機関のうち第四号の政令で定める機関が置かれる機関にあっては、当該政令で定める機関を除く。）

三　国家行政組織法（昭和二十三年法律第百二十号）第三条第二項に規定する機関（第五号の政令で定める機関が置かれる機関にあっては、当該政令で定める機関を除く。）

四　内閣府設置法第三十九条及び第五十五条並びに宮内庁法（昭和二十二年法律第七十号）第十六条第二項の機関並びに内閣府設置法第四十条及び第五十六条（宮内庁法第十八条第一項において準用する場合を含む。）の特別の機関で、政令で定めるもの

五　国家行政組織法第八条の二の施設等機関及び同法第八条の三の特別の機関で、政令で定めるもの

六　会計検査院

9　この法律において「独立行政法人等」とは、独立行政法人通則法（平成十一年法律第百三号）第二条第一項に規定する独立行政法人及び別表第一に掲げる法人をいう。

10　この法律において「地方独立行政法人」とは、地方独立行政法人法（平成十五年法律第百十八号）第二条第一項に規定する地方独立行政法人をいう。

11　この法律において「行政機関等」とは、次に掲げる機関をいう。

一　行政機関

二　独立行政法人等（別表第二に掲げる法人を除く。第十六条第二項第三号、第六十三条、第七十八条第七号イ及びびロ、第八十九条第三項から第五項まで、第百十七条第三項から第五項まで並びに第百二十三条第二項において同じ。）

（基本理念）

第三条　個人情報は、個人の人格尊重の理念の下に慎重に取り扱われるべきものであることに鑑み、その適正な取扱いが図られなければならない。

第二章　国及び地方公共団体の責務等

（国の責務）

第四条　国は、この法律の趣旨にのっとり、国の機関、独立行政法人等及び事業者等による個人情報の適正な取扱いを確保するために必要な施策を総合的に策定し、及びこれを実施する責務を有する。

（地方公共団体の責務）

第五条　地方公共団体は、この法律の趣旨にのっとり、その地方公共団体の区域の特性に応じ

て、個人情報の適正な取扱いを確保するために必要な施策を策定し、及びこれを実施する責務を有する。

（法制上の措置等）

第六条　政府は、個人情報の性質及び利用方法に鑑み、個人の権利利益の一層の保護を図るため特にその適正な取扱いの厳格な実施を確保する必要がある個人情報について、保護のための格別の措置が講じられるよう必要な法制上の措置その他の措置を講ずるとともに、国際機関その他の国際的な枠組みへの協力を通じて、各国政府と共同して国際的に整合のとれた個人情報に係る制度を構築するために必要な措置を講ずるものとする。

第三章　個人情報の保護に関する施策等

第一節　個人情報の保護に関する基本方針

第七条　政府は、個人情報の保護に関する施策の総合的かつ一体的な推進を図るため、個人情報の保護に関する基本方針（以下「基本方針」という。）を定めなければならない。

2　基本方針は、次に掲げる事項について定めるものとする。

一　個人情報の保護に関する施策の推進に関する基本的な方向

二　国が講ずべき個人情報の保護のための措置に関する事項

三　地方公共団体が講ずべき個人情報の保護のための措置に関する基本的な事項

四　独立行政法人等が講ずべき個人情報の保護のための措置に関する基本的な事項

五　地方独立行政法人が講ずべき個人情報の保護のための措置に関する基本的な事項

六　第十六条第二項に規定する個人情報取扱事業者、同条第五項に規定する仮名加工情報取扱事業者及び同条第六項に規定する匿名加工情報取扱事業者並びに第五十一条第一項に規定する認定個人情報保護団体が講ずべき個人情報の保護のための措置に関する基本的な事項

七　個人情報の取扱いに関する苦情の円滑な処理に関する事項

八　その他個人情報の保護に関する施策の推進

に関する重要事項

3　内閣総理大臣は、個人情報保護委員会が作成した基本方針の案について閣議の決定を求めなければならない。

4　内閣総理大臣は、前項の規定による閣議の決定があったときは、遅滞なく、基本方針を公表しなければならない。

5　前二項の規定は、基本方針の変更について準用する。

第二節　国の施策

（国の機関等が保有する個人情報の保護）

第八条　国は、その機関が保有する個人情報の適正な取扱いが確保されるよう必要な措置を講ずるものとする。

2　国は、独立行政法人等について、その保有する個人情報の適正な取扱いが確保されるよう必要な措置を講ずるものとする。

（地方公共団体等への支援）

第九条　国は、地方公共団体が策定し、又は実施する個人情報の保護に関する施策及び国民又は事業者等が個人情報の適正な取扱いの確保に関して行う活動を支援するため、情報の提供、事業者等が講ずべき措置の適切かつ有効な実施を図るための指針の策定その他の必要な措置を講ずるものとする。

（苦情処理のための措置）

第十条　国は、個人情報の取扱いに関し事業者と本人との間に生じた苦情の適切かつ迅速な処理を図るために必要な措置を講ずるものとする。

（個人情報の適正な取扱いを確保するための措置）

第十一条　国は、地方公共団体との適切な役割分担を通じ、次章に規定する個人情報取扱事業者による個人情報の適正な取扱いを確保するために必要な措置を講ずるものとする。

第三節　地方公共団体の施策

（地方公共団体等が保有する個人情報の保護）

第十二条　地方公共団体は、その保有する個人情報の性質、当該個人情報を保有する目的等を勘案し、その保有する個人情報の適正な取扱いが確保されるよう必要な措置を講ずるこ

とに努めなければならない。

2　地方公共団体は、その設立に係る地方独立行政法人について、その性格及び業務内容に応じ、その保有する個人情報の適正な取扱いが確保されるよう必要な措置を講ずることに努めなければならない。

（区域内の事業者等への支援）

第十三条　地方公共団体は、個人情報の適正な取扱いを確保するため、その区域内の事業者及び住民に対する支援に必要な措置を講ずるよう努めなければならない。

（苦情の処理のあっせん等）

第十四条　地方公共団体は、個人情報の取扱いに関し事業者と本人との間に生じた苦情が適切かつ迅速に処理されるようにするため、苦情の処理のあっせんその他必要な措置を講ずるよう努めなければならない。

第四節　国及び地方公共団体の協力

第十五条　国及び地方公共団体は、個人情報の保護に関する施策を講ずるにつき、相協力するものとする。

第四章　個人情報取扱事業者等の義務等
第一節　総則
（定義）

第十六条　この章及び第八章において「個人情報データベース等」とは、個人情報を含む情報の集合物であって、次に掲げるもの（利用方法からみて個人の権利利益を害するおそれが少ないものとして政令で定めるものを除く。）をいう。

一　特定の個人情報を電子計算機を用いて検索することができるように体系的に構成したもの

二　前号に掲げるもののほか、特定の個人情報を容易に検索することができるように体系的に構成したものとして政令で定めるもの

2　この章及び第六章から第八章までにおいて「個人情報取扱事業者」とは、個人情報データベース等を事業の用に供している者をいう。ただし、次に掲げる者を除く。

一　国の機関

二　地方公共団体

三　独立行政法人等

四　地方独立行政法人

3　この章において「個人データ」とは、個人情報データベース等を構成する個人情報をいう。

4　この章において「保有個人データ」とは、個人情報取扱事業者が、開示、内容の訂正、追加又は削除、利用の停止、消去及び第三者への提供の停止を行うことのできる権限を有する個人データであって、その存否が明らかになることにより公益その他の利益が害されるものとして政令で定めるもの以外のものをいう。

5　この章、第六章及び第七章において「仮名加工情報取扱事業者」とは、仮名加工情報を含む情報の集合物であって、特定の仮名加工情報を電子計算機を用いて検索することができるように体系的に構成したものその他特定の仮名加工情報を容易に検索することができるように体系的に構成したものとして政令で定めるもの（第四十一条第一項において「仮名加工情報データベース等」という。）を事業の用に供している者をいう。ただし、第二項各号に掲げる者を除く。

6　この章、第六章及び第七章において「匿名加工情報取扱事業者」とは、匿名加工情報を含む情報の集合物であって、特定の匿名加工情報を電子計算機を用いて検索することができるように体系的に構成したものその他特定の匿名加工情報を容易に検索することができるように体系的に構成したものとして政令で定めるもの（第四十三条第一項において「匿名加工情報データベース等」という。）を事業の用に供している者をいう。ただし、第二項各号に掲げる者を除く。

7　この章、第六章及び第七章において「個人関連情報取扱事業者」とは、個人関連情報を含む情報の集合物であって、特定の個人関連情報を電子計算機を用いて検索することができるように体系的に構成したものその他特定の個人関連情報を容易に検索することができるように体系的に構成したものとして政令で定めるもの（第三十一条第一項において「個人関連情

報データベース等」という。）を事業の用に供している者をいう。ただし、第二項各号に掲げる者を除く。

8　この章において「学術研究機関等」とは、大学その他の学術研究を目的とする機関若しくは団体又はそれらに属する者をいう。

第二節　個人情報取扱事業者及び個人関連情報取扱事業者の義務

（利用目的の特定）

第十七条　個人情報取扱事業者は、個人情報を取り扱うに当たっては、その利用の目的（以下「利用目的」という。）をできる限り特定しなければならない。

2　個人情報取扱事業者は、利用目的を変更する場合には、変更前の利用目的と関連性を有すると合理的に認められる範囲を超えて行ってはならない。

（利用目的による制限）

第十八条　個人情報取扱事業者は、あらかじめ本人の同意を得ないで、前条の規定により特定された利用目的の達成に必要な範囲を超えて、個人情報を取り扱ってはならない。

2　個人情報取扱事業者は、合併その他の事由により他の個人情報取扱事業者から事業を承継することに伴って個人情報を取得した場合は、あらかじめ本人の同意を得ないで、承継前における当該個人情報の利用目的の達成に必要な範囲を超えて、当該個人情報を取り扱ってはならない。

3　前二項の規定は、次に掲げる場合については、適用しない。

一　法令に基づく場合

二　人の生命、身体又は財産の保護のために必要がある場合であって、本人の同意を得ることが困難であるとき。

三　公衆衛生の向上又は児童の健全な育成の推進のために特に必要がある場合であって、本人の同意を得ることが困難であるとき。

四　国の機関若しくは地方公共団体又はその委託を受けた者が法令の定める事務を遂行することに対して協力する必要がある場合であっ

て、本人の同意を得ることにより当該事務の遂行に支障を及ぼすおそれがあるとき。

五　当該個人情報取扱事業者が学術研究機関等である場合であって、当該個人情報を学術研究の用に供する目的（以下この章において「学術研究目的」という。）で取り扱う必要があるとき（当該個人情報を取り扱う目的の一部が学術研究目的である場合を含み、個人の権利利益を不当に侵害するおそれがある場合を除く。）。

六　学術研究機関等に個人データを提供する場合であって、当該学術研究機関等が当該個人データを学術研究目的で取り扱う必要があるとき（当該個人データを取り扱う目的の一部が学術研究目的である場合を含み、個人の権利利益を不当に侵害するおそれがある場合を除く。）。

（不適正な利用の禁止）

第十九条　個人情報取扱事業者は、違法又は不当な行為を助長し、又は誘発するおそれがある方法により個人情報を利用してはならない。

（適正な取得）

第二十条　個人情報取扱事業者は、偽りその他不正の手段により個人情報を取得してはならない。

2　個人情報取扱事業者は、次に掲げる場合を除くほか、あらかじめ本人の同意を得ないで、要配慮個人情報を取得してはならない。

一　法令に基づく場合

二　人の生命、身体又は財産の保護のために必要がある場合であって、本人の同意を得ることが困難であるとき。

三　公衆衛生の向上又は児童の健全な育成の推進のために特に必要がある場合であって、本人の同意を得ることが困難であるとき。

四　国の機関若しくは地方公共団体又はその委託を受けた者が法令の定める事務を遂行することに対して協力する必要がある場合であって、本人の同意を得ることにより当該事務の遂行に支障を及ぼすおそれがあるとき。

五　当該個人情報取扱事業者が学術研究機関等である場合であって、当該要配慮個人情報を学術研究目的で取り扱う必要があるとき（当該要配慮個人情報を取り扱う目的の一部が学術研究目

的である場合を含み、個人の権利利益を不当に侵害するおそれがある場合を除く。)。

六　学術研究機関等から当該要配慮個人情報を取得する場合であって、当該要配慮個人情報を学術研究目的で取得する必要があるとき（当該要配慮個人情報を取得する目的の一部が学術研究目的である場合を含み、個人の権利利益を不当に侵害するおそれがある場合を除く。）（当該個人情報取扱事業者と当該学術研究機関等が共同して学術研究を行う場合に限る。）。

七　当該要配慮個人情報が、本人、国の機関、地方公共団体、学術研究機関等、第五十七条第一項各号に掲げる者その他個人情報保護委員会規則で定める者により公開されている場合

八　その他前各号に掲げる場合に準ずるものとして政令で定める場合

（取得に際しての利用目的の通知等）

第二十一条　個人情報取扱事業者は、個人情報を取得した場合は、あらかじめその利用目的を公表している場合を除き、速やかに、その利用目的を、本人に通知し、又は公表しなければならない。

2　個人情報取扱事業者は、前項の規定にかかわらず、本人との間で契約を締結することに伴って契約書その他の書面（電磁的記録を含む。以下この項において同じ。）に記載された当該本人の個人情報を取得する場合その他本人から直接書面に記載された当該本人の個人情報を取得する場合は、あらかじめ、本人に対し、その利用目的を明示しなければならない。ただし、人の生命、身体又は財産の保護のために緊急に必要がある場合は、この限りでない。

3　個人情報取扱事業者は、利用目的を変更した場合は、変更された利用目的について、本人に通知し、又は公表しなければならない。

4　前三項の規定は、次に掲げる場合については、適用しない。

一　利用目的を本人に通知し、又は公表することにより本人又は第三者の生命、身体、財産その他の権利利益を害するおそれがある場合

二　利用目的を本人に通知し、又は公表することにより当該個人情報取扱事業者の権利又は正当な利益を害するおそれがある場合

三　国の機関又は地方公共団体が法令の定める事務を遂行することに対して協力する必要がある場合であって、利用目的を本人に通知し、又は公表することにより当該事務の遂行に支障を及ぼすおそれがあるとき。

四　取得の状況からみて利用目的が明らかであると認められる場合

（データ内容の正確性の確保等）

第二十二条　個人情報取扱事業者は、利用目的の達成に必要な範囲内において、個人データを正確かつ最新の内容に保つとともに、利用する必要がなくなったときは、当該個人データを遅滞なく消去するよう努めなければならない。

（安全管理措置）

第二十三条　個人情報取扱事業者は、その取り扱う個人データの漏えい、滅失又は毀損の防止その他の個人データの安全管理のために必要かつ適切な措置を講じなければならない。

（従業者の監督）

第二十四条　個人情報取扱事業者は、その従業者に個人データを取り扱わせるに当たっては、当該個人データの安全管理が図られるよう、当該従業者に対する必要かつ適切な監督を行わなければならない。

（委託先の監督）

第二十五条　個人情報取扱事業者は、個人データの取扱いの全部又は一部を委託する場合は、その取扱いを委託された個人データの安全管理が図られるよう、委託を受けた者に対する必要かつ適切な監督を行わなければならない。

（漏えい等の報告等）

第二十六条　個人情報取扱事業者は、その取り扱う個人データの漏えい、滅失、毀損その他の個人データの安全の確保に係る事態であって個人の権利利益を害するおそれが大きいものとして個人情報保護委員会規則で定めるものが生じたときは、個人情報保護委員会規則で定めるところにより、当該事態が生じた旨を個人情報保護委員会に報告しなければならない。ただし、当該個人情報取扱事業者が、他

の個人情報取扱事業者又は行政機関等から当該個人データの取扱いの全部又は一部の委託を受けた場合であって、個人情報保護委員会規則で定めるところにより、当該事態が生じた旨を当該他の個人情報取扱事業者又は行政機関等に通知したときは、この限りでない。

2　前項に規定する場合には、個人情報取扱事業者（同項ただし書の規定による通知をした者を除く。）は、本人に対し、個人情報保護委員会規則で定めるところにより、当該事態が生じた旨を通知しなければならない。ただし、本人への通知が困難な場合であって、本人の権利利益を保護するため必要なこれに代わるべき措置をとるときは、この限りでない。

（第三者提供の制限）

第二十七条　個人情報取扱事業者は、次に掲げる場合を除くほか、あらかじめ本人の同意を得ないで、個人データを第三者に提供してはならない。

一　法令に基づく場合

二　人の生命、身体又は財産の保護のために必要がある場合であって、本人の同意を得ることが困難であるとき。

三　公衆衛生の向上又は児童の健全な育成の推進のために特に必要がある場合であって、本人の同意を得ることが困難であるとき。

四　国の機関若しくは地方公共団体又はその委託を受けた者が法令の定める事務を遂行することに対して協力する必要がある場合であって、本人の同意を得ることにより当該事務の遂行に支障を及ぼすおそれがあるとき。

五　当該個人情報取扱事業者が学術研究機関等である場合であって、当該個人データの提供が学術研究の成果の公表又は教授のためやむを得ないとき（個人の権利利益を不当に侵害するおそれがある場合を除く。）。

六　当該個人情報取扱事業者が学術研究機関等である場合であって、当該個人データを学術研究目的で提供する必要があるとき（当該個人データを提供する目的の一部が学術研究目的である場合を含み、個人の権利利益を不当に侵害するおそれがある場合を除く。）（当該個人情報取扱事業者と当該第三者が共同して学術研究を行う場合に限る。）。

七　当該第三者が学術研究機関等である場合であって、当該第三者が当該個人データを学術研究目的で取り扱う必要があるとき（当該個人データを取り扱う目的の一部が学術研究目的である場合を含み、個人の権利利益を不当に侵害するおそれがある場合を除く。）。

2　個人情報取扱事業者は、第三者に提供される個人データについて、本人の求めに応じて当該本人が識別される個人データの第三者への提供を停止することとしている場合であって、次に掲げる事項について、個人情報保護委員会規則で定めるところにより、あらかじめ、本人に通知し、又は本人が容易に知り得る状態に置くとともに、個人情報保護委員会に届け出たときは、前項の規定にかかわらず、当該個人データを第三者に提供することができる。ただし、第三者に提供される個人データが要配慮個人情報又は第二十条第一項の規定に違反して取得されたもの若しくは他の個人情報取扱事業者からこの項本文の規定により提供されたもの（その全部又は一部を複製し、又は加工したものを含む。）である場合は、この限りでない。

一　第三者への提供を行う個人情報取扱事業者の氏名又は名称及び住所並びに法人にあっては、その代表者（法人でない団体で代表者又は管理人の定めのあるものにあっては、その代表者又は管理人。以下この条、第三十条第一項第一号及び第三十二条第一項第一号において同じ。）の氏名

二　第三者への提供を利用目的とすること。

三　第三者に提供される個人データの項目

四　第三者に提供される個人データの取得の方法

五　第三者への提供の方法

六　本人の求めに応じて当該本人が識別される個人データの第三者への提供を停止すること。

七　本人の求めを受け付ける方法

八　その他個人の権利利益を保護するために必要なものとして個人情報保護委員会規則で定める事項

3　個人情報取扱事業者は、前項第一号に掲げる事項に変更があったとき又は同項の規定によ

る個人データの提供をやめたときは遅滞なく、同項第三号から第五号まで、第七号又は第八号に掲げる事項を変更しようとするときはあらかじめ、その旨について、個人情報保護委員会規則で定めるところにより、本人に通知し、又は本人が容易に知り得る状態に置くとともに、個人情報保護委員会に届け出なければならない。

4　個人情報保護委員会は、第二項の規定による届出があったときは、個人情報保護委員会規則で定めるところにより、当該届出に係る事項を公表しなければならない。前項の規定による届出があったときも、同様とする。

5　次に掲げる場合において、当該個人データの提供を受ける者は、前各項の規定の適用については、第三者に該当しないものとする。

一　個人情報取扱事業者が利用目的の達成に必要な範囲内において個人データの取扱いの全部又は一部を委託することに伴って当該個人データが提供される場合

二　合併その他の事由による事業の承継に伴って個人データが提供される場合

三　特定の者との間で共同して利用される個人データが当該特定の者に提供される場合であって、その旨並びに共同して利用される個人データの項目、共同して利用する者の範囲、利用する者の利用目的並びに当該個人データの管理について責任を有する者の氏名又は名称及び住所並びに法人にあっては、その代表者の氏名について、あらかじめ、本人に通知し、又は本人が容易に知り得る状態に置いているとき。

6　個人情報取扱事業者は、前項第三号に規定する個人データの管理について責任を有する者の氏名、名称若しくは住所又は法人にあっては、その代表者の氏名に変更があったときは遅滞なく、同号に規定する利用する者の利用目的又は当該責任を有する者を変更しようとするときはあらかじめ、その旨について、本人に通知し、又は本人が容易に知り得る状態に置かなければならない。

（外国にある第三者への提供の制限）

第二十八条　個人情報取扱事業者は、外国（本邦の域外にある国又は地域をいう。以下この条及び第三十一条第一項第二号において同じ。）（個人の権利利益を保護する上で我が国と同等の水準にあると認められる個人情報の保護に関する制度を有している外国として個人情報保護委員会規則で定めるものを除く。以下この条及び同号において同じ。）にある第三者（個人データの取扱いについてこの節の規定により個人情報取扱事業者が講ずべきこととされている措置に相当する措置（第三項において「相当措置」という。）を継続的に講ずるために必要なものとして個人情報保護委員会規則で定める基準に適合する体制を整備している者を除く。以下この項及び次項並びに同号において同じ。）に個人データを提供する場合には、前条第一項各号に掲げる場合を除くほか、あらかじめ外国にある第三者への提供を認める旨の本人の同意を得なければならない。この場合においては、同条の規定は、適用しない。

2　個人情報取扱事業者は、前項の規定により本人の同意を得ようとする場合には、個人情報保護委員会規則で定めるところにより、あらかじめ、当該外国における個人情報の保護に関する制度、当該第三者が講ずる個人情報の保護のための措置その他当該本人に参考となるべき情報を当該本人に提供しなければならない。

3　個人情報取扱事業者は、個人データを外国にある第三者（第一項に規定する体制を整備している者に限る。）に提供した場合には、個人情報保護委員会規則で定めるところにより、当該第三者による相当措置の継続的な実施を確保するために必要な措置を講ずるとともに、本人の求めに応じて当該必要な措置に関する情報を当該本人に提供しなければならない。

（第三者提供に係る記録の作成等）

第二十九条　個人情報取扱事業者は、個人データを第三者（第十六条第二項各号に掲げる者を除く。以下この条及び次条（第三十一条第三項において読み替えて準用する場合を含む。）において同じ。）に提供したときは、個人情報保護委員会規則で定めるところにより、当該個人データを提供した年月日、当該第三者の氏名又は名称その

他の個人情報保護委員会規則で定める事項に関する記録を作成しなければならない。ただし、当該個人データの提供が第二十七条第一項各号又は第五項各号のいずれか（前条第一項の規定による個人データの提供にあっては、第二十七条第一項各号のいずれか）に該当する場合は、この限りでない。

2　個人情報取扱事業者は、前項の記録を、当該記録を作成した日から個人情報保護委員会規則で定める期間保存しなければならない。

（第三者提供を受ける際の確認等）

第三十条　個人情報取扱事業者は、第三者から個人データの提供を受けるに際しては、個人情報保護委員会規則で定めるところにより、次に掲げる事項の確認を行わなければならない。ただし、当該個人データの提供が第二十七条第一項各号又は第五項各号のいずれかに該当する場合は、この限りでない。

一　当該第三者の氏名又は名称及び住所並びに法人にあっては、その代表者の氏名

二　当該第三者による当該個人データの取得の経緯

2　前項の第三者は、個人情報取扱事業者が同項の規定による確認を行う場合において、当該個人情報取扱事業者に対して、当該確認に係る事項を偽ってはならない。

3　個人情報取扱事業者は、第一項の規定による確認を行ったときは、個人情報保護委員会規則で定めるところにより、当該個人データの提供を受けた年月日、当該確認に係る事項その他の個人情報保護委員会規則で定める事項に関する記録を作成しなければならない。

4　個人情報取扱事業者は、前項の記録を、当該記録を作成した日から個人情報保護委員会規則で定める期間保存しなければならない。

（個人関連情報の第三者提供の制限等）

第三十一条　個人関連情報取扱事業者は、第三者が個人関連情報（個人関連情報データベース等を構成するものに限る。以下この章及び第六章において同じ。）を個人データとして取得することが想定されるときは、第二十七条第一項各号に掲げる場合を除くほか、次に掲げる事項について

いて、あらかじめ個人情報保護委員会規則で定めるところにより確認することをしないで、当該個人関連情報を当該第三者に提供してはならない。

一　当該第三者が個人関連情報取扱事業者から個人関連情報の提供を受けて本人が識別される個人データとして取得することを認める旨の当該本人の同意が得られていること。

二　外国にある第三者への提供にあっては、前号の本人の同意を得ようとする場合において、個人情報保護委員会規則で定めるところにより、あらかじめ、当該外国における個人情報の保護に関する制度、当該第三者が講ずる個人情報の保護のための措置その他当該本人に参考となるべき情報が当該本人に提供されていること。

2　第二十八条第三項の規定は、前項の規定により個人関連情報取扱事業者が個人関連情報を提供する場合について準用する。この場合において、同条第三項中「講ずるとともに、本人の求めに応じて当該必要な措置に関する情報を当該本人に提供し」とあるのは、「講じ」と読み替えるものとする。

3　前条第二項から第四項までの規定は、第一項の規定により個人関連情報取扱事業者が確認する場合について準用する。この場合において、同条第三項中「の提供を受けた」とあるのは、「を提供した」と読み替えるものとする。

（保有個人データに関する事項の公表等）

第三十二条　個人情報取扱事業者は、保有個人データに関し、次に掲げる事項について、本人の知り得る状態（本人の求めに応じて遅滞なく回答する場合を含む。）に置かなければならない。

一　当該個人情報取扱事業者の氏名又は名称及び住所並びに法人にあっては、その代表者の氏名

二　全ての保有個人データの利用目的（第二十一条第四項第一号から第三号までに該当する場合を除く。）

三　次項の規定による求め又は次条第一項（同条第五項において準用する場合を含む。）、第三十四条第一項若しくは第三十五条第一項、第三項

若しくは第五項の規定による請求に応じる手続（第三十八条第二項の規定により手数料の額を定めたときは、その手数料の額を含む。）

四　前三号に掲げるもののほか、保有個人データの適正な取扱いの確保に関し必要な事項として政令で定めるもの

2　個人情報取扱事業者は、本人から、当該本人が識別される保有個人データの利用目的の通知を求められたときは、本人に対し、遅滞なく、これを通知しなければならない。ただし、次の各号のいずれかに該当する場合は、この限りでない。

一　前項の規定により当該本人が識別される保有個人データの利用目的が明らかな場合

二　第二十一条第四項第一号から第三号までに該当する場合

3　個人情報取扱事業者は、前項の規定に基づき求められた保有個人データの利用目的を通知しない旨の決定をしたときは、本人に対し、遅滞なく、その旨を通知しなければならない。

（開示）

第三十三条　本人は、個人情報取扱事業者に対し、当該本人が識別される保有個人データの電磁的記録の提供による方法その他の個人情報保護委員会規則で定める方法による開示を請求することができる。

2　個人情報取扱事業者は、前項の規定による請求を受けたときは、本人に対し、同項の規定により当該本人が請求した方法（当該方法による開示に多額の費用を要する場合その他の当該方法による開示が困難である場合にあっては、書面の交付による方法）により、遅滞なく、当該保有個人データを開示しなければならない。ただし、開示することにより次の各号のいずれかに該当する場合は、その全部又は一部を開示しないことができる。

一　本人又は第三者の生命、身体、財産その他の権利利益を害するおそれがある場合

二　当該個人情報取扱事業者の業務の適正な実施に著しい支障を及ぼすおそれがある場合

三　他の法令に違反することとなる場合

3　個人情報取扱事業者は、第一項の規定による請求に係る保有個人データの全部若しくは一部について開示しない旨の決定をしたとき、当該保有個人データが存在しないとき、又は同項の規定により本人が請求した方法による開示が困難であるときは、本人に対し、遅滞なく、その旨を通知しなければならない。

4　他の法令の規定により、本人に対し第二項本文に規定する方法に相当する方法により当該本人が識別される保有個人データの全部又は一部を開示することとされている場合には、当該全部又は一部の保有個人データについては、第一項及び第二項の規定は、適用しない。

5　第一項から第三項までの規定は、当該本人が識別される個人データに係る第二十九条第一項及び第三十条第三項の記録（その存否が明らかになることにより公益その他の利益が害されるものとして政令で定めるものを除く。第三十七条第二項において「第三者提供記録」という。）について準用する。

（訂正等）

第三十四条　本人は、個人情報取扱事業者に対し、当該本人が識別される保有個人データの内容が事実でないときは、当該保有個人データの内容の訂正、追加又は削除（以下この条において「訂正等」という。）を請求することができる。

2　個人情報取扱事業者は、前項の規定による請求を受けた場合には、その内容の訂正等に関して他の法令の規定により特別の手続が定められている場合を除き、利用目的の達成に必要な範囲内において、遅滞なく必要な調査を行い、その結果に基づき、当該保有個人データの内容の訂正等を行わなければならない。

3　個人情報取扱事業者は、第一項の規定による請求に係る保有個人データの内容の全部若しくは一部について訂正等を行ったとき、又は訂正等を行わない旨の決定をしたときは、本人に対し、遅滞なく、その旨（訂正等を行ったときは、その内容を含む。）を通知しなければならない。

（利用停止等）

第三十五条　本人は、個人情報取扱事業者に対し、当該本人が識別される保有個人データが

第十八条若しくは第十九条の規定に違反して取り扱われているとき、又は第二十条の規定に違反して取得されたものであるときは、当該保有個人データの利用の停止又は消去（以下この条において「利用停止等」という。）を請求することができる。

2　個人情報取扱事業者は、前項の規定による請求を受けた場合であって、その請求に理由があることが判明したときは、違反を是正するために必要な限度で、遅滞なく、当該保有個人データの利用停止等を行わなければならない。ただし、当該保有個人データの利用停止等に多額の費用を要する場合その他の利用停止等を行うことが困難な場合であって、本人の権利利益を保護するため必要なこれに代わるべき措置をとるときは、この限りでない。

3　本人は、個人情報取扱事業者に対し、当該本人が識別される保有個人データが第二十七条第一項又は第二十八条の規定に違反して第三者に提供されているときは、当該保有個人データの第三者への提供の停止を請求することができる。

4　個人情報取扱事業者は、前項の規定による請求を受けた場合であって、その請求に理由があることが判明したときは、遅滞なく、当該保有個人データの第三者への提供を停止しなければならない。ただし、当該保有個人データの第三者への提供の停止に多額の費用を要する場合その他の第三者への提供を停止することが困難な場合であって、本人の権利利益を保護するため必要なこれに代わるべき措置をとるときは、この限りでない。

5　本人は、個人情報取扱事業者に対し、当該本人が識別される保有個人データを当該個人情報取扱事業者が利用する必要がなくなった場合、当該本人が識別される保有個人データに係る第二十六条第一項本文に規定する事態が生じた場合その他当該本人が識別される保有個人データの取扱いにより当該本人の権利又は正当な利益が害されるおそれがある場合には、当該保有個人データの利用停止等又は第三者への提供の停止を請求することができる。

6　個人情報取扱事業者は、前項の規定による請求を受けた場合であって、その請求に理由があることが判明したときは、本人の権利利益の侵害を防止するために必要な限度で、遅滞なく、当該保有個人データの利用停止等又は第三者への提供の停止を行わなければならない。ただし、当該保有個人データの利用停止等又は第三者への提供の停止に多額の費用を要する場合その他の利用停止等又は第三者への提供の停止を行うことが困難な場合であって、本人の権利利益を保護するため必要なこれに代わるべき措置をとるときは、この限りでない。

7　個人情報取扱事業者は、第一項若しくは第五項の規定による請求に係る保有個人データの全部若しくは一部について利用停止等を行ったとき若しくは利用停止等を行わない旨の決定をしたとき、又は第三項若しくは第五項の規定による請求に係る保有個人データの全部若しくは一部について第三者への提供を停止したとき若しくは第三者への提供を停止しない旨の決定をしたときは、本人に対し、遅滞なく、その旨を通知しなければならない。

（理由の説明）

第三十六条　個人情報取扱事業者は、第三十二条第三項、第三十三条第三項（同条第五項において準用する場合を含む。）、第三十四条第三項又は前条第七項の規定により、本人から求められ、又は請求された措置の全部又は一部について、その措置をとらない旨を通知する場合又はその措置と異なる措置をとる旨を通知する場合には、本人に対し、その理由を説明するよう努めなければならない。

（開示等の請求等に応じる手続）

第三十七条　個人情報取扱事業者は、第三十二条第二項の規定による求め又は第三十三条第一項（同条第五項において準用する場合を含む。次条第一項及び第三十九条において同じ。）、第三十四条第一項若しくは第三十五条第一項、第三項若しくは第五項の規定による請求（以下この条及び第五十四条第一項において「開示等の請求等」という。）に関し、政令で定めるところにより、そ

の求め又は請求を受け付ける方法を定めるこ
とができる。この場合において、本人は、当
該方法に従って、開示等の請求等を行わなけ
ればならない。

2　個人情報取扱事業者は、本人に対し、開示等
の請求等に関し、その対象となる保有個人デー
タ又は第三者提供記録を特定するに足りる事
項の提示を求めることができる。この場合に
おいて、個人情報取扱事業者は、本人が容易
かつ的確に開示等の請求等をすることができ
るよう、当該保有個人データ又は当該第三者
提供記録の特定に資する情報の提供その他本
人の利便を考慮した適切な措置をとらなけれ
ばならない。

3　開示等の請求等は、政令で定めるところによ
り、代理人によってすることができる。

4　個人情報取扱事業者は、前三項の規定に基づ
き開示等の請求等に応じる手続を定めるに当
たっては、本人に過重な負担を課するものと
ならないよう配慮しなければならない。

（手数料）

第三十八条　個人情報取扱事業者は、第三十二
条第二項の規定による利用目的の通知を求め
られたとき又は第三十三条第一項の規定によ
る開示の請求を受けたときは、当該措置の実
施に関し、手数料を徴収することができる。

2　個人情報取扱事業者は、前項の規定により手
数料を徴収する場合は、実費を勘案して合理
的であると認められる範囲内において、その
手数料の額を定めなければならない。

（事前の請求）

第三十九条　本人は、第三十三条第一項、第
三十四条第一項又は第三十五条第一項、第三
項若しくは第五項の規定による請求に係る訴
えを提起しようとするときは、その訴えの被
告となるべき者に対し、あらかじめ、当該請
求を行い、かつ、その到達した日から二週間
を経過した後でなければ、その訴えを提起す
ることができない。ただし、当該訴えの被告
となるべき者がその請求を拒んだときは、こ
の限りでない。

2　前項の請求は、その請求が通常到達すべきで

あった時に、到達したものとみなす。

3　前二項の規定は、第三十三条第一項、第
三十四条第一項又は第三十五条第一項、第三
項若しくは第五項の規定による請求に係る仮
処分命令の申立てについて準用する。

（個人情報取扱事業者による苦情の処理）

第四十条　個人情報取扱事業者は、個人情報の
取扱いに関する苦情の適切かつ迅速な処理に
努めなければならない。

2　個人情報取扱事業者は、前項の目的を達成す
るために必要な体制の整備に努めなければな
らない。

第三節　仮名加工情報取扱事業者等の義務

（仮名加工情報の作成等）

第四十一条　個人情報取扱事業者は、仮名加工
情報（仮名加工情報データベース等を構成するもの
に限る。以下この章及び第六章において同じ。）を作
成するときは、他の情報と照合しない限り特
定の個人を識別することができないようにす
るために必要なものとして個人情報保護委員
会規則で定める基準に従い、個人情報を加工
しなければならない。

2　個人情報取扱事業者は、仮名加工情報を作成
したとき、又は仮名加工情報及び当該仮名加
工情報に係る削除情報等（仮名加工情報の作成に
用いられた個人情報から削除された記述等及び個人
識別符号並びに前項の規定により行われた加工の方
法に関する情報をいう。以下この条及び次条第三項
において読み替えて準用する第七項において同じ。）
を取得したときは、削除情報等の漏えいを防
止するために必要なものとして個人情報保護
委員会規則で定める基準に従い、削除情報等
の安全管理のための措置を講じなければなら
ない。

3　仮名加工情報取扱事業者（個人情報取扱事業者
である者に限る。以下この条において同じ。）は、第
十八条の規定にかかわらず、法令に基づく場
合を除くほか、第十七条第一項の規定により
特定された利用目的の達成に必要な範囲を超
えて、仮名加工情報（個人情報であるものに限る。
以下この条において同じ。）を取り扱ってはならな

い。

4 　仮名加工情報についての第二十一条の規定の適用については、同条第一項及び第三項中「、本人に通知し、又は公表し」とあるのは「公表し」と、同条第四項第一号から第三号までの規定中「本人に通知し、又は公表する」とあるのは「公表する」とする。

5 　仮名加工情報取扱事業者は、仮名加工情報である個人データ及び削除情報等を利用する必要がなくなったときは、当該個人データ及び削除情報等を遅滞なく消去するよう努めなければならない。この場合においては、第二十二条の規定は、適用しない。

6 　仮名加工情報取扱事業者は、第二十七条第一項及び第二項並びに第二十八条第一項の規定にかかわらず、法令に基づく場合を除くほか、仮名加工情報である個人データを第三者に提供してはならない。この場合において、第二十七条第五項中「前各項」とあるのは「第四十一条第六項」と、同項第三号中「、本人に通知し、又は本人が容易に知り得る状態に置いて」とあるのは「公表して」と、同条第六項中「、本人に通知し、又は本人が容易に知り得る状態に置かなければ」とあるのは「公表しなければ」と、第二十九条第一項ただし書中「第二十七条第一項各号又は第五項各号のいずれか（前条第一項の規定による個人データの提供にあっては、第二十七条第一項各号のいずれか）」とあり、及び第三十条第一項ただし書中「第二十七条第一項各号又は第五項各号のいずれか」とあるのは「法令に基づく場合又は第二十七条第五項各号のいずれか」とする。

7 　仮名加工情報取扱事業者は、仮名加工情報を取り扱うに当たっては、当該仮名加工情報の作成に用いられた個人情報に係る本人を識別するために、当該仮名加工情報を他の情報と照合してはならない。

8 　仮名加工情報取扱事業者は、仮名加工情報を取り扱うに当たっては、電話をかけ、郵便若しくは民間事業者による信書の送達に関する法律（平成十四年法律第九十九号）第二条第六項に規定する一般信書便事業者若しくは同条

九項に規定する特定信書便事業者による同条第二項に規定する信書便により送付し、電報を送達し、ファクシミリ装置若しくは電磁的方法（電子情報処理組織を使用する方法その他の情報通信の技術を利用する方法であって個人情報保護委員会規則で定めるものをいう。）を用いて送信し、又は住居を訪問するために、当該仮名加工情報に含まれる連絡先その他の情報を利用してはならない。

9 　仮名加工情報、仮名加工情報である個人データ及び仮名加工情報である保有個人データについては、第十七条第二項、第二十六条及び第三十二条から第三十九条までの規定は、適用しない。

（仮名加工情報の第三者提供の制限等）

第四十二条 　仮名加工情報取扱事業者は、法令に基づく場合を除くほか、仮名加工情報（個人情報であるものを除く。次項及び第三項において同じ。）を第三者に提供してはならない。

2 　第二十七条第五項及び第六項の規定は、仮名加工情報の提供を受ける者について準用する。この場合において、同条第五項中「前各項」とあるのは「第四十二条第一項」と、同項第一号中「個人情報取扱事業者」とあるのは「仮名加工情報取扱事業者」と、同項第三号中「、本人に通知し、又は本人が容易に知り得る状態に置いて」とあるのは「公表して」と、同条第六項中「個人情報取扱事業者」とあるのは「仮名加工情報取扱事業者」と、「、本人に通知し、又は本人が容易に知り得る状態に置かなければ」とあるのは「公表しなければ」と読み替えるものとする。

3 　第二十三条から第二十五条まで、第四十条並びに前条第七項及び第八項の規定は、仮名加工情報取扱事業者による仮名加工情報の取扱いについて準用する。この場合において、第二十三条中「漏えい、滅失又は毀損」とあるのは「漏えい」と、前条第七項中「ために、」とあるのは「ために、削除情報等を取得し、又は」と読み替えるものとする。

第四節　匿名加工情報取扱事業者等の義務

（匿名加工情報の作成等）

第四十三条　個人情報取扱事業者は、匿名加工情報（匿名加工情報データベース等を構成するものに限る。以下この章及び第六章において同じ。）を作成するときは、特定の個人を識別すること及びその作成に用いる個人情報を復元することができないようにするために必要なものとして個人情報保護委員会規則で定める基準に従い、当該個人情報を加工しなければならない。

2　個人情報取扱事業者は、匿名加工情報を作成したときは、その作成に用いた個人情報から削除した記述等及び個人識別符号並びに前項の規定により行った加工の方法に関する情報の漏えいを防止するために必要なものとして個人情報保護委員会規則で定める基準に従い、これらの情報の安全管理のための措置を講じなければならない。

3　個人情報取扱事業者は、匿名加工情報を作成したときは、個人情報保護委員会規則で定めるところにより、当該匿名加工情報に含まれる個人に関する情報の項目を公表しなければならない。

4　個人情報取扱事業者は、匿名加工情報を作成して当該匿名加工情報を第三者に提供するときは、個人情報保護委員会規則で定めるところにより、あらかじめ、第三者に提供される匿名加工情報に含まれる個人に関する情報の項目及びその提供の方法について公表するとともに、当該第三者に対して、当該提供に係る情報が匿名加工情報である旨を明示しなければならない。

5　個人情報取扱事業者は、匿名加工情報を作成して自ら当該匿名加工情報を取り扱うに当たっては、当該匿名加工情報の作成に用いられた個人情報に係る本人を識別するために、当該匿名加工情報を他の情報と照合してはならない。

6　個人情報取扱事業者は、匿名加工情報を作成したときは、当該匿名加工情報の安全管理のために必要かつ適切な措置、当該匿名加工情報の作成その他の取扱いに関する苦情の処理その他の当該匿名加工情報の適正な取扱いを

確保するために必要な措置を自ら講じ、かつ、当該措置の内容を公表するよう努めなければならない。

（匿名加工情報の提供）

第四十四条　匿名加工情報取扱事業者は、匿名加工情報（自ら個人情報を加工して作成したものを除く。以下この節において同じ。）を第三者に提供するときは、個人情報保護委員会規則で定めるところにより、あらかじめ、第三者に提供される匿名加工情報に含まれる個人に関する情報の項目及びその提供の方法について公表するとともに、当該第三者に対して、当該提供に係る情報が匿名加工情報である旨を明示しなければならない。

（識別行為の禁止）

第四十五条　匿名加工情報取扱事業者は、匿名加工情報を取り扱うに当たっては、当該匿名加工情報の作成に用いられた個人情報に係る本人を識別するために、当該個人情報から削除された記述等若しくは個人識別符号若しくは第四十三条第一項若しくは第百十四条第一項（同条第二項において準用する場合を含む。）の規定により行われた加工の方法に関する情報を取得し、又は当該匿名加工情報を他の情報と照合してはならない。

（安全管理措置等）

第四十六条　匿名加工情報取扱事業者は、匿名加工情報の安全管理のために必要かつ適切な措置、匿名加工情報の取扱いに関する苦情の処理その他の匿名加工情報の適正な取扱いを確保するために必要な措置を自ら講じ、かつ、当該措置の内容を公表するよう努めなければならない。

第五節　民間団体による個人情報の保護の推進
（認定）

第四十七条　個人情報取扱事業者、仮名加工情報取扱事業者又は匿名加工情報取扱事業者（以下この章において「個人情報取扱事業者等」という。）の個人情報、仮名加工情報又は匿名加工情報（以下この章において「個人情報等」という。）の適正な取扱いの確保を目的として次に掲げる業務を行おうとする法人（法人でない団体で代

表者又は管理人の定めのあるものを含む。次条第三号ロにおいて同じ。）は、個人情報保護委員会の認定を受けることができる。

一　業務の対象となる個人情報取扱事業者等（以下この節において「対象事業者」という。）の個人情報等の取扱いに関する第五十三条の規定による苦情の処理

二　個人情報等の適正な取扱いの確保に寄与する事項についての対象事業者に対する情報の提供

三　前二号に掲げるもののほか、対象事業者の個人情報等の適正な取扱いの確保に関し必要な業務

2　前項の認定は、対象とする個人情報取扱事業者等の事業の種類その他の業務の範囲を限定して行うことができる。

3　第一項の認定を受けようとする者は、政令で定めるところにより、個人情報保護委員会に申請しなければならない。

4　個人情報保護委員会は、第一項の認定をしたときは、その旨（第二項の規定により業務の範囲を限定する認定にあっては、その認定に係る業務の範囲を含む。）を公示しなければならない。

（欠格条項）

第四十八条　次の各号のいずれかに該当する者は、前条第一項の認定を受けることができない。

一　この法律の規定により刑に処せられ、その執行を終わり、又は執行を受けることがなくなった日から二年を経過しない者

二　第百五十二条第一項の規定により認定を取り消され、その取消しの日から二年を経過しない者

三　その業務を行う役員（法人でない団体で代表者又は管理人の定めのあるものの代表者又は管理人を含む。以下この条において同じ。）のうちに、次のいずれかに該当する者があるもの

イ　禁錮以上の刑に処せられ、又はこの法律の規定により刑に処せられ、その執行を終わり、又は執行を受けることがなくなった日から二年を経過しない者

ロ　第百五十二条第一項の規定により認定を取り消された法人において、その取消しの日前三十日以内にその役員であった者でその取消しの日から二年を経過しない者

（認定の基準）

第四十九条　個人情報保護委員会は、第四十七条第一項の認定の申請が次の各号のいずれにも適合していると認めるときでなければ、その認定をしてはならない。

一　第四十七条第一項各号に掲げる業務を適正かつ確実に行うに必要な業務の実施の方法が定められているものであること。

二　第四十七条第一項各号に掲げる業務を適正かつ確実に行うに足りる知識及び能力並びに経理的基礎を有するものであること。

三　第四十七条第一項各号に掲げる業務以外の業務を行っている場合には、その業務を行うことによって同項各号に掲げる業務が不公正になるおそれがないものであること。

（変更の認定等）

第五十条　第四十七条第一項の認定（同条第二項の規定により業務の範囲を限定する認定を含む。次条第一項及び第百五十二条第一項第五号において同じ。）を受けた者は、その認定に係る業務の範囲を変更しようとするときは、個人情報保護委員会の認定を受けなければならない。ただし、個人情報保護委員会規則で定める軽微な変更については、この限りでない。

2　第四十七条第三項及び第四項並びに前条の規定は、前項の変更の認定について準用する。

（廃止の届出）

第五十一条　第四十七条第一項の認定（前条第一項の変更の認定を含む。）を受けた者（以下この節及び第六章において「認定個人情報保護団体」という。）は、その認定に係る業務（以下この節及び第六章において「認定業務」という。）を廃止しようとするときは、政令で定めるところにより、あらかじめ、その旨を個人情報保護委員会に届け出なければならない。

2　個人情報保護委員会は、前項の規定による届出があったときは、その旨を公示しなければならない。

（対象事業者）

巻末資料

第五十二条　認定個人情報保護団体は、認定業務の対象となることについて同意を得た個人情報取扱事業者等を対象事業者としなければならない。この場合において、第五十四条第四項の規定による措置をとったにもかかわらず、対象事業者が同条第一項に規定する個人情報保護指針を遵守しないときは、当該対象事業者を認定業務の対象から除外することができる。

2　認定個人情報保護団体は、対象事業者の氏名又は名称を公表しなければならない。

（苦情の処理）

第五十三条　認定個人情報保護団体は、本人その他の関係者から対象事業者の個人情報等の取扱いに関する苦情について解決の申出があったときは、その相談に応じ、申出人に必要な助言をし、その苦情に係る事情を調査するとともに、当該対象事業者に対し、その苦情の内容を通知してその迅速な解決を求めなければならない。

2　認定個人情報保護団体は、前項の申出に係る苦情の解決について必要があると認めるときは、当該対象事業者に対し、文書若しくは口頭による説明を求め、又は資料の提出を求めることができる。

3　対象事業者は、認定個人情報保護団体から前項の規定による求めがあったときは、正当な理由がないのに、これを拒んではならない。

（個人情報保護指針）

第五十四条　認定個人情報保護団体は、対象事業者の個人情報等の適正な取扱いの確保のために、個人情報に係る利用目的の特定、安全管理のための措置、開示等の請求等に応じる手続その他の事項又は仮名加工情報若しくは匿名加工情報に係る作成の方法、その情報の安全管理のための措置その他の事項に関し、消費者の意見を代表する者その他の関係者の意見を聴いて、この法律の規定の趣旨に沿った指針（以下この節及び第六章において「個人情報保護指針」という。）を作成するよう努めなければならない。

2　認定個人情報保護団体は、前項の規定により個人情報保護指針を作成したときは、個人情報保護委員会規則で定めるところにより、遅滞なく、当該個人情報保護指針を個人情報保護委員会に届け出なければならない。これを変更したときも、同様とする。

3　個人情報保護委員会は、前項の規定による個人情報保護指針の届出があったときは、個人情報保護委員会規則で定めるところにより、当該個人情報保護指針を公表しなければならない。

4　認定個人情報保護団体は、前項の規定により個人情報保護指針が公表されたときは、対象事業者に対し、当該個人情報保護指針を遵守させるため必要な指導、勧告その他の措置をとらなければならない。

（目的外利用の禁止）

第五十五条　認定個人情報保護団体は、認定業務の実施に際して知り得た情報を認定業務の用に供する目的以外に利用してはならない。

（名称の使用制限）

第五十六条　認定個人情報保護団体でない者は、認定個人情報保護団体という名称又はこれに紛らわしい名称を用いてはならない。

第六節　雑則

（適用除外）

第五十七条　個人情報取扱事業者等及び個人関連情報取扱事業者のうち次の各号に掲げる者については、その個人情報等及び個人関連情報を取り扱う目的の全部又は一部がそれぞれ当該各号に規定する目的であるときは、この章の規定は、適用しない。

一　放送機関、新聞社、通信社その他の報道機関（報道を業として行う個人を含む。）　報道の用に供する目的

二　著述を業として行う者　著述の用に供する目的

三　宗教団体　宗教活動（これに付随する活動を含む。）の用に供する目的

四　政治団体　政治活動（これに付随する活動を含む。）の用に供する目的

2　前項第一号に規定する「報道」とは、不特定かつ多数の者に対して客観的事実を事実として知らせること（これに基づいて意見又は見解を

述べることを含む。）をいう。

3　第一項各号に掲げる個人情報取扱事業者等は、個人データ、仮名加工情報又は匿名加工情報の安全管理のために必要かつ適切な措置、個人情報等の取扱いに関する苦情の処理その他の個人情報等の適正な取扱いを確保するために必要な措置を自ら講じ、かつ、当該措置の内容を公表するよう努めなければならない。

（適用の特例）

第五十八条　個人情報取扱事業者又は匿名加工情報取扱事業者のうち別表第二に掲げる法人については、第三十二条から第三十九条まで及び第四節の規定は、適用しない。

2　独立行政法人労働者健康安全機構が行う病院（医療法（昭和二十三年法律第二百五号）第一条の五第一項に規定する病院をいう。第六十六条第二項第三号並びに第百二十三条第一項及び第三項において同じ。）の運営の業務における個人情報、仮名加工情報又は個人関連情報の取扱いについては、個人情報取扱事業者、仮名加工情報取扱事業者又は個人関連情報取扱事業者による個人情報、仮名加工情報又は個人関連情報の取扱いとみなして、この章（第三十二条から第三十九条まで及び第四節を除く。）及び第六章から第八章までの規定を適用する。

（学術研究機関等の責務）

第五十九条　個人情報取扱事業者である学術研究機関等は、学術研究目的で行う個人情報の取扱いについて、この法律の規定を遵守するとともに、その適正を確保するために必要な措置を自ら講じ、かつ、当該措置の内容を公表するよう努めなければならない。

第五章　行政機関等の義務等

第一節　総則

（定義）

第六十条　この章及び第八章において「保有個人情報」とは、行政機関等の職員（独立行政法人等にあっては、その役員を含む。以下この章及び第八章において同じ。）が職務上作成し、又は取得した個人情報であって、当該行政機関等の職員が組織的に利用するものとして、当該行

政機関等が保有しているものをいう。ただし、行政文書（行政機関の保有する情報の公開に関する法律（平成十一年法律第四十二号。以下この章において「行政機関情報公開法」という。）第二条第二項に規定する行政文書をいう。）又は法人文書（独立行政法人等の保有する情報の公開に関する法律（平成十三年法律第百四十号。以下この章において「独立行政法人等情報公開法」という。）第二条第二項に規定する法人文書（同項第四号に掲げるものを含む。）をいう。）（以下この章において「行政文書等」という。）に記録されているものに限る。

2　この章及び第八章において「個人情報ファイル」とは、保有個人情報を含む情報の集合物であって、次に掲げるものをいう。

一　一定の事務の目的を達成するために特定の保有個人情報を電子計算機を用いて検索することができるように体系的に構成したもの

二　前号に掲げるもののほか、一定の事務の目的を達成するために氏名、生年月日、その他の記述等により特定の保有個人情報を容易に検索することができるように体系的に構成したもの

3　この章において「行政機関等匿名加工情報」とは、次の各号のいずれにも該当する個人情報ファイルを構成する保有個人情報の全部又は一部（これらの一部に行政機関情報公開法第五条に規定する不開示情報（同条第一号に掲げる情報を除き、同条第二号ただし書に規定する情報を含む。）又は独立行政法人等情報公開法第五条に規定する不開示情報（同条第一号に掲げる情報を除き、同条第二号ただし書に規定する情報を含む。）が含まれているときは、これらの不開示情報に該当する部分を除く。）を加工して得られる匿名加工情報をいう。

一　第七十五条第二項各号のいずれかに該当するもの又は同条第三項の規定により同条第一項に規定する個人情報ファイル簿に掲載しないこととされるものでないこと。

二　行政機関情報公開法第三条に規定する行政機関の長又は独立行政法人等情報公開法第二条第一項に規定する独立行政法人等に対し、当該個人情報ファイルを構成する保有個人情

報が記録されている行政文書等の開示の請求
（行政機関情報公開法第三条又は独立行政法人等情報公開法第三条の規定による開示の請求をいう。）があったとしたならば、これらの者が次のいずれかを行うこととなるものであること。

イ　当該行政文書等に記録されている保有個人情報の全部又は一部を開示する旨の決定をすること。

ロ　行政機関情報公開法第十三条第一項若しくは第二項又は独立行政法人等情報公開法第十四条第一項若しくは第二項の規定により意見書の提出の機会を与えること。

三　行政機関等の事務及び事業の適正かつ円滑な運営に支障のない範囲内で、第百十四条第一項の基準に従い、当該個人情報ファイルを構成する保有個人情報を加工して匿名加工情報を作成することができるものであること。

4　この章において「行政機関等匿名加工情報ファイル」とは、行政機関等匿名加工情報を含む情報の集合物であって、次に掲げるものをいう。

一　特定の行政機関等匿名加工情報を電子計算機を用いて検索することができるように体系的に構成したもの

二　前号に掲げるもののほか、特定の行政機関等匿名加工情報を容易に検索することができるように体系的に構成したものとして政令で定めるもの

第二節　行政機関等における個人情報等の取扱い

（個人情報の保有の制限等）

第六十一条　行政機関等は、個人情報を保有するに当たっては、法令の定める所掌事務又は業務を遂行するため必要な場合に限り、かつ、その利用目的をできる限り特定しなければならない。

2　行政機関等は、前項の規定により特定された利用目的の達成に必要な範囲を超えて、個人情報を保有してはならない。

3　行政機関等は、利用目的を変更する場合には、変更前の利用目的と相当の関連性を有すると

合理的に認められる範囲を超えて行ってはならない。

（利用目的の明示）

第六十二条　行政機関等は、本人から直接書面（電磁的記録を含む。）に記録された当該本人の個人情報を取得するときは、次に掲げる場合を除き、あらかじめ、本人に対し、その利用目的を明示しなければならない。

一　人の生命、身体又は財産の保護のために緊急に必要があるとき。

二　利用目的を本人に明示することにより、本人又は第三者の生命、身体、財産その他の権利利益を害するおそれがあるとき。

三　利用目的を本人に明示することにより、国の機関、独立行政法人等、地方公共団体又は地方独立行政法人が行う事務又は事業の適正な遂行に支障を及ぼすおそれがあるとき。

四　取得の状況からみて利用目的が明らかであると認められるとき。

（不適正な利用の禁止）

第六十三条　行政機関の長（第二条第八項第四号及び第五号の政令で定める機関にあっては、その機関ごとに政令で定める者をいう。以下この章及び第百六十九条において同じ。）及び独立行政法人等（以下この章及び次章において「行政機関の長等」という。）は、違法又は不当な行為を助長し、又は誘発するおそれがある方法により個人情報を利用してはならない。

（適正な取得）

第六十四条　行政機関の長等は、偽りその他不正の手段により個人情報を取得してはならない。

（正確性の確保）

第六十五条　行政機関の長等は、利用目的の達成に必要な範囲内で、保有個人情報が過去又は現在の事実と合致するよう努めなければならない。

（安全管理措置）

第六十六条　行政機関の長等は、保有個人情報の漏えい、滅失又は毀損の防止その他の保有個人情報の安全管理のために必要かつ適切な措置を講じなければならない。

2　前項の規定は、次の各号に掲げる者が当該各

号に定める業務を行う場合における個人情報の取扱いについて準用する。

一　行政機関等から個人情報の取扱いの委託を受けた者　当該委託を受けた業務

二　別表第二に掲げる法人　法令に基づき行う業務であって政令で定めるもの

三　独立行政法人労働者健康安全機構　病院の運営の業務のうち法令に基づき行う業務であって政令で定めるもの

四　前三号に掲げる者から当該各号に定める業務の委託（二以上の段階にわたる委託を含む。）を受けた者　当該委託を受けた業務

（従事者の義務）

第六十七条　個人情報の取扱いに従事する行政機関等の職員若しくは職員であった者、前条第二項各号に定める業務に従事している者若しくは従事していた者又は行政機関等において個人情報の取扱いに従事している派遣労働者（労働者派遣事業の適正な運営の確保及び派遣労働者の保護等に関する法律（昭和六十年法律第八十八号）第二条第二号に規定する派遣労働者をいう。以下この章及び第百七十一条において同じ。）若しくは従事していた派遣労働者は、その業務に関して知り得た個人情報の内容をみだりに他人に知らせ、又は不当な目的に利用してはならない。

（漏えい等の報告等）

第六十八条　行政機関の長等は、保有個人情報の漏えい、滅失、毀損その他の保有個人情報の安全の確保に係る事態であって個人の権利利益を害するおそれが大きいものとして個人情報保護委員会規則で定めるものが生じたときは、個人情報保護委員会規則で定めるところにより、当該事態が生じた旨を個人情報保護委員会に報告しなければならない。

2　前項に規定する場合には、行政機関の長等は、本人に対し、個人情報保護委員会規則で定めるところにより、当該事態が生じた旨を通知しなければならない。ただし、次の各号のいずれかに該当するときは、この限りでない。

一　本人への通知が困難な場合であって、本人の権利利益を保護するため必要なこれに代わ

るべき措置をとるとき。

二　当該保有個人情報に第七十八条各号に掲げる情報のいずれかが含まれるとき。

（利用及び提供の制限）

第六十九条　行政機関の長等は、法令に基づく場合を除き、利用目的以外の目的のために保有個人情報を自ら利用し、又は提供してはならない。

2　前項の規定にかかわらず、行政機関の長等は、次の各号のいずれかに該当すると認めるときは、利用目的以外の目的のために保有個人情報を自ら利用し、又は提供することができる。ただし、保有個人情報を利用目的以外の目的のために自ら利用し、又は提供することによって、本人又は第三者の権利利益を不当に侵害するおそれがあると認められるときは、この限りでない。

一　本人の同意があるとき、又は本人に提供するとき。

二　行政機関等が法令の定める所掌事務又は業務の遂行に必要な限度で保有個人情報を内部で利用する場合であって、当該保有個人情報を利用することについて相当の理由があるとき。

三　他の行政機関、独立行政法人等、地方公共団体又は地方独立行政法人に保有個人情報を提供する場合において、保有個人情報の提供を受ける者が、法令の定める事務又は業務の遂行に必要な限度で提供に係る個人情報を利用し、かつ、当該個人情報を利用することについて相当の理由があるとき。

四　前三号に掲げる場合のほか、専ら統計の作成又は学術研究の目的のために保有個人情報を提供するとき、本人以外の者に提供することが明らかに本人の利益になるとき、その他保有個人情報を提供することについて特別の理由があるとき。

3　前項の規定は、保有個人情報の利用又は提供を制限する他の法令の規定の適用を妨げるものではない。

4　行政機関の長等は、個人の権利利益を保護するため特に必要があると認めるときは、保有

個人情報の利用目的以外の目的のための行政機関等の内部における利用を特定の部局若しくは機関又は職員に限るものとする。

第七十条 行政機関の長等は、利用目的のために又は前条第二項第三号若しくは第四号の規定に基づき、保有個人情報を提供する場合において、必要があると認めるときは、保有個人情報の提供を受ける者に対し、提供に係る個人情報について、その利用の目的若しくは方法の制限その他必要な制限を付し、又はその漏えいの防止その他の個人情報の適切な管理のために必要な措置を講ずることを求めるものとする。

第七十一条 行政機関の長等は、外国（本邦の域外にある国又は地域をいう。以下この条において同じ。）（個人の権利利益を保護する上で我が国と同等の水準にあると認められる個人情報の保護に関する制度を有している外国として個人情報保護委員会規則で定めるものを除く。以下この条において同じ。）にある第三者（第十六条第三項に規定する個人データの取扱いについて前章第二節の規定により同条第二項に規定する個人情報取扱事業者が講ずべきこととされている措置に相当する措置（第三項において「相当措置」という。）を継続的に講ずるために必要なものとして個人情報保護委員会規則で定める基準に適合する体制を整備している者を除く。以下この項及び次項において同じ。）に利用目的以外の目的のために保有個人情報を提供する場合には、法令に基づく場合及び第六十九条第二項第四号に掲げる場合を除くほか、あらかじめ外国にある第三者への提供を認める旨の本人の同意を得なければならない。

2 行政機関の長等は、前項の規定により本人の同意を得ようとする場合には、個人情報保護委員会規則で定めるところにより、あらかじめ、当該外国における個人情報の保護に関する制度、当該第三者が講ずる個人情報の保護のための措置その他当該本人に参考となるべき情報を当該本人に提供しなければならない。

3 行政機関の長等は、保有個人情報を外国にあ

る第三者（第一項に規定する体制を整備している者に限る。）に利用目的以外の目的のために提供した場合には、法令に基づく場合及び第六十九条第二項第四号に掲げる場合を除くほか、個人情報保護委員会規則で定めるところにより、当該第三者による相当措置の継続的な実施を確保するために必要な措置を講ずるとともに、本人の求めに応じて当該必要な措置に関する情報を当該本人に提供しなければならない。

第七十二条 行政機関の長等は、第三者に個人関連情報を提供する場合（当該第三者が当該個人関連情報を個人情報として取得することが想定される場合に限る。）において、必要があると認めるときは、当該第三者に対し、提供に係る個人関連情報について、その利用の目的若しくは方法の制限その他必要な制限を付し、又はその漏えいの防止その他の個人関連情報の適切な管理のために必要な措置を講ずることを求めるものとする。

第七十三条 行政機関の長等は、法令に基づく場合を除くほか、仮名加工情報（個人情報であるものを除く。以下この条及び第百二十六条において同じ。）を第三者（当該仮名加工情報の取扱いの委託を受けた者を除く。）に提供してはならない。

2 行政機関の長等は、その取り扱う仮名加工情報の漏えいの防止その他仮名加工情報の安全管理のために必要かつ適切な措置を講じなければならない。

3 行政機関の長等は、仮名加工情報を取り扱うに当たっては、法令に基づく場合を除き、当該仮名加工情報の作成に用いられた個人情報に係る本人を識別するために、削除情報等（仮名加工情報の作成に用いられた個人情報から削除された記述等及び個人識別符号並びに第四十一条第一項の規定により行われた加工の方法に関する情報をいう。）を取得し、又は当該仮名加工情報を他の情報と照合してはならない。

4 行政機関の長等は、仮名加工情報を取り扱うに当たっては、法令に基づく場合を除き、電話をかけ、郵便若しくは民間事業者による信書の

送達に関する法律第二条第六項に規定する一般信書便事業者若しくは同条第九項に規定する特定信書便事業者による同条第二項に規定する信書便により送付し、電報を送達し、ファクシミリ装置若しくは電磁的方法（電子情報処理組織を使用する方法その他の情報通信の技術を利用する方法であって個人情報保護委員会規則で定めるものをいう。）を用いて送信し、又は住居を訪問するために、当該仮名加工情報に含まれる連絡先その他の情報を利用してはならない。

5　前各項の規定は、行政機関の長等から仮名加工情報の取扱いの委託（二以上の段階にわたる委託を含む。）を受けた者が委託した業務を行う場合について準用する。

第三節　個人情報ファイル

（個人情報ファイルの保有等に関する事前通知）

第七十四条　行政機関（会計検査院を除く。以下この条において同じ。）が個人情報ファイルを保有しようとするときは、当該行政機関の長は、あらかじめ、個人情報保護委員会に対し、次に掲げる事項を通知しなければならない。通知した事項を変更しようとするときも、同様とする。

一　個人情報ファイルの名称

二　当該機関の名称及び個人情報ファイルが利用に供される事務をつかさどる組織の名称

三　個人情報ファイルの利用目的

四　個人情報ファイルに記録される項目（以下この節において「記録項目」という。）及び本人（他の個人の氏名、生年月日その他の記述等によらないで検索し得る者に限る。次項第九号において同じ。）として個人情報ファイルに記録される個人の範囲（以下この節において「記録範囲」という。）

五　個人情報ファイルに記録される個人情報（以下この節において「記録情報」という。）の収集方法

六　記録情報に要配慮個人情報が含まれるときは、その旨

七　記録情報を当該機関以外の者に経常的に提供する場合には、その提供先

八　次条第三項の規定に基づき、記録項目の一部若しくは第五号若しくは前号に掲げる事項を次条第一項に規定する個人情報ファイル簿に記載しないこととするとき、又は個人情報ファイルを同項に規定する個人情報ファイル簿に掲載しないこととするときは、その旨

九　第七十六条第一項、第九十条第一項又は第九十八条第一項の規定による請求を受理する組織の名称及び所在地

十　第九十条第一項ただし書又は第九十八条第一項ただし書に該当するときは、その旨

十一　その他政令で定める事項

2　前項の規定は、次に掲げる個人情報ファイルについては、適用しない。

一　国の安全、外交上の秘密その他の国の重大な利益に関する事項を記録する個人情報ファイル

二　犯罪の捜査、租税に関する法律の規定に基づく犯則事件の調査又は公訴の提起若しくは維持のために作成し、又は取得する個人情報ファイル

三　当該機関の職員又は職員であった者に係る個人情報ファイルであって、専らその人事、給与若しくは福利厚生に関する事項又はこれらに準ずる事項を記録するもの（当該機関が行う職員の採用試験に関する個人情報ファイルを含む。）

四　専ら試験的な電子計算機処理の用に供するための個人情報ファイル

五　前項の規定による通知に係る個人情報ファイルに記録されている記録情報の全部又は一部を記録した個人情報ファイルであって、その利用目的、記録項目及び記録範囲が当該通知に係るこれらの事項の範囲内のもの

六　一年以内に消去することとなる記録情報のみを記録する個人情報ファイル

七　資料その他の物品若しくは金銭の送付又は業務上必要な連絡のために利用する記録情報を記録した個人情報ファイルであって、送付又は連絡の相手方の氏名、住所その他の送付又は連絡に必要な事項のみを記録するもの

八　職員が学術研究の用に供するためその発意に基づき作成し、又は取得する個人情報ファイルであって、記録情報を専ら当該学術研究

の目的のために利用するもの

九　本人の数が政令で定める数に満たない個人情報ファイル

十　第三号から前号までに掲げる個人情報ファイルに準ずるものとして政令で定める個人情報ファイル

十一　第六十条第二項第二号に係る個人情報ファイル

3　行政機関の長は、第一項に規定する事項を通知した個人情報ファイルについて、当該行政機関がその保有をやめたとき、又はその個人情報ファイルが前項第九号に該当するに至ったときは、遅滞なく、個人情報保護委員会に対しその旨を通知しなければならない。

（個人情報ファイル簿の作成及び公表）

第七十五条　行政機関の長等は、政令で定めるところにより、当該行政機関の長等の属する行政機関等が保有している個人情報ファイルについて、それぞれ前条第一項第一号から第七号まで、第九号及び第十号に掲げる事項その他政令で定める事項を記載した帳簿（以下この章において「個人情報ファイル簿」という。）を作成し、公表しなければならない。

2　前項の規定は、次に掲げる個人情報ファイルについては、適用しない。

一　前条第二項第一号から第十号までに掲げる個人情報ファイル

二　前項の規定による公表に係る個人情報ファイルに記録されている記録情報の全部又は一部を記録した個人情報ファイルであって、その利用目的、記録項目及び記録範囲が当該公表に係るこれらの事項の範囲内のもの

三　前号に掲げる個人情報ファイルに準ずるものとして政令で定める個人情報ファイル

3　第一項の規定にかかわらず、行政機関の長等は、記録項目の一部若しくは前条第一項第五号若しくは第七号に掲げる事項を個人情報ファイル簿に記載し、又は個人情報ファイルを個人情報ファイル簿に掲載することにより、利用目的に係る事務又は事業の性質上、当該事務又は事業の適正な遂行に著しい支障を及ぼすおそれがあると認めるときは、その記録

項目の一部若しくは事項を記載せず、又はその個人情報ファイルを個人情報ファイル簿に掲載しないことができる。

第四節　開示、訂正及び利用停止

第一款　開示

（開示請求権）

第七十六条　何人も、この法律の定めるところにより、行政機関の長等に対し、当該行政機関の長等の属する行政機関等の保有する自己を本人とする保有個人情報の開示を請求することができる。

2　未成年者若しくは成年被後見人の法定代理人又は本人の委任による代理人（以下この節において「代理人」と総称する。）は、本人に代わって前項の規定による開示の請求（以下この節及び第百二十五条において「開示請求」という。）をすることができる。

（開示請求の手続）

第七十七条　開示請求は、次に掲げる事項を記載した書面（第三項において「開示請求書」という。）を行政機関の長等に提出してしなければならない。

一　開示請求をする者の氏名及び住所又は居所

二　開示請求に係る保有個人情報が記録されている行政文書等の名称その他の開示請求に係る保有個人情報を特定するに足りる事項

2　前項の場合において、開示請求をする者は、政令で定めるところにより、開示請求に係る保有個人情報の本人であること（前条第二項の規定による開示請求にあっては、開示請求に係る保有個人情報の本人の代理人であること）を示す書類を提示し、又は提出しなければならない。

3　行政機関の長等は、開示請求書に形式上の不備があると認めるときは、開示請求をした者（以下この節において「開示請求者」という。）に対し、相当の期間を定めて、その補正を求めることができる。この場合において、行政機関の長等は、開示請求者に対し、補正の参考となる情報を提供するよう努めなければならない。

（保有個人情報の開示義務）

第七十八条　行政機関の長等は、開示請求があったときは、開示請求に係る保有個人情報に次の各号に掲げる情報（以下この節において「不開示情報」という。）のいずれかが含まれている場合を除き、開示請求者に対し、当該保有個人情報を開示しなければならない。

一　開示請求者（第七十六条第二項の規定により代理人が本人に代わって開示請求をする場合にあっては、当該本人をいう。次号及び第三号、次条第二項並びに第八十六条第一項において同じ。）の生命、健康、生活又は財産を害するおそれがある情報

二　開示請求者以外の個人に関する情報（事業を営む個人の当該事業に関する情報を除く。）であって、当該情報に含まれる氏名、生年月日その他の記述等により開示請求者以外の特定の個人を識別することができるもの（他の情報と照合することにより、開示請求者以外の特定の個人を識別することができることとなるものを含む。）若しくは個人識別符号が含まれるもの又は開示請求者以外の特定の個人を識別することはできないが、開示することにより、なお開示請求者以外の個人の権利利益を害するおそれがあるもの。ただし、次に掲げる情報を除く。

イ　法令の規定により又は慣行として開示請求者が知ることができ、又は知ることが予定されている情報

ロ　人の生命、健康、生活又は財産を保護するため、開示することが必要であると認められる情報

ハ　当該個人が公務員等（国家公務員法（昭和二十二年法律第百二十号）第二条第一項に規定する国家公務員（独立行政法人通則法第二条第四項に規定する行政執行法人の職員を除く。）、独立行政法人等の職員、地方公務員法（昭和二十五年法律第二百六十一号）第二条に規定する地方公務員及び地方独立行政法人の職員をいう。）である場合において、当該情報がその職務の遂行に係る情報であるときは、当該情報のうち、当該公務員等の職及び当該職務遂行の内容に係る部分

三　法人その他の団体（国、独立行政法人等、地方公共団体及び地方独立行政法人を除く。以下この号において「法人等」という。）に関する情報又は開示請求者以外の事業を営む個人の当該事業に関する情報であって、次に掲げるもの。ただし、人の生命、健康、生活又は財産を保護するため、開示することが必要であると認められる情報を除く。

イ　開示することにより、当該法人等又は当該個人の権利、競争上の地位その他正当な利益を害するおそれがあるもの

ロ　行政機関等の要請を受けて、開示しないとの条件で任意に提供されたものであって、法人等又は個人における通例として開示しないこととされているものその他の当該条件を付することが当該情報の性質、当時の状況等に照らして合理的であると認められるもの

四　行政機関の長が第八十二条各項の決定（以下この節において「開示決定等」という。）をする場合において、開示することにより、国の安全が害されるおそれ、他国若しくは国際機関との信頼関係が損なわれるおそれ又は他国若しくは国際機関との交渉上不利益を被るおそれがあると当該行政機関の長が認めることにつき相当の理由がある情報

五　行政機関の長が開示決定等をする場合において、開示することにより、犯罪の予防、鎮圧又は捜査、公訴の維持、刑の執行その他の公共の安全と秩序の維持に支障を及ぼすおそれがあると当該行政機関の長が認めることにつき相当の理由がある情報

六　国の機関、独立行政法人等、地方公共団体及び地方独立行政法人の内部又は相互間における審議、検討又は協議に関する情報であって、開示することにより、率直な意見の交換若しくは意思決定の中立性が不当に損なわれるおそれ、不当に国民の間に混乱を生じさせるおそれ又は特定の者に不当に利益を与え若しくは不利益を及ぼすおそれがあるもの

七　国の機関、独立行政法人等、地方公共団体又は地方独立行政法人が行う事務又は事業に関する情報であって、開示することにより、次に掲げるおそれその他当該事務又は事業の性質上、当該事務又は事業の適正な遂行に支障

を及ぼすおそれがあるもの

イ　独立行政法人等が開示決定等をする場合において、国の安全が害されるおそれ、他国若しくは国際機関との信頼関係が損なわれるおそれ又は他国若しくは国際機関との交渉上不利益を被るおそれ

ロ　独立行政法人等が開示決定等をする場合において、犯罪の予防、鎮圧又は捜査その他の公共の安全と秩序の維持に支障を及ぼすおそれ

ハ　監査、検査、取締り、試験又は租税の賦課若しくは徴収に係る事務に関し、正確な事実の把握を困難にするおそれ又は違法若しくは不当な行為を容易にし、若しくはその発見を困難にするおそれ

ニ　契約、交渉又は争訟に係る事務に関し、国、独立行政法人等、地方公共団体又は地方独立行政法人の財産上の利益又は当事者としての地位を不当に害するおそれ

ホ　調査研究に係る事務に関し、その公正かつ能率的な遂行を不当に阻害するおそれ

ヘ　人事管理に係る事務に関し、公正かつ円滑な人事の確保に支障を及ぼすおそれ

ト　独立行政法人等、地方公共団体が経営する企業又は地方独立行政法人に係る事業に関し、その企業経営上の正当な利益を害するおそれ

（部分開示）

第七十九条　行政機関の長等は、開示請求に係る保有個人情報に不開示情報が含まれている場合において、不開示情報に該当する部分を容易に区分して除くことができるときは、開示請求者に対し、当該部分を除いた部分につき開示しなければならない。

2　開示請求に係る保有個人情報に前条第二号の情報（開示請求者以外の特定の個人を識別することができるものに限る。）が含まれている場合において、当該情報のうち、氏名、生年月日その他の開示請求者以外の特定の個人を識別することができることとなる記述等及び個人識別符号の部分を除くことにより、開示しても、開示請求者以外の個人の権利利益が害されるおそれがないと認められるときは、当該部分

を除いた部分は、同号の情報に含まれないものとみなして、前項の規定を適用する。

（裁量的開示）

第八十条　行政機関の長等は、開示請求に係る保有個人情報に不開示情報が含まれている場合であっても、個人の権利利益を保護するため特に必要があると認めるときは、開示請求者に対し、当該保有個人情報を開示することができる。

（保有個人情報の存否に関する情報）

第八十一条　開示請求に対し、当該開示請求に係る保有個人情報が存在しているか否かを答えるだけで、不開示情報を開示することとなるときは、行政機関の長等は、当該保有個人情報の存否を明らかにしないで、当該開示請求を拒否することができる。

（開示請求に対する措置）

第八十二条　行政機関の長等は、開示請求に係る保有個人情報の全部又は一部を開示するときは、その旨の決定をし、開示請求者に対し、その旨、開示する保有個人情報の利用目的及び開示の実施に関し政令で定める事項を書面により通知しなければならない。ただし、第六十二条第二号又は第三号に該当する場合における当該利用目的については、この限りでない。

2　行政機関の長等は、開示請求に係る保有個人情報の全部を開示しないとき（前条の規定により開示請求を拒否するとき、及び開示請求に係る保有個人情報を保有していないときを含む。）は、開示をしない旨の決定をし、開示請求者に対し、その旨を書面により通知しなければならない。

（開示決定等の期限）

第八十三条　開示決定等は、開示請求があった日から三十日以内にしなければならない。ただし、第七十七条第三項の規定により補正を求めた場合にあっては、当該補正に要した日数は、当該期間に算入しない。

2　前項の規定にかかわらず、行政機関の長等は、事務処理上の困難その他正当な理由があるときは、同項に規定する期間を三十日以内に限り延長することができる。この場合において、

行政機関の長等は、開示請求者に対し、遅滞
なく、延長後の期間及び延長の理由を書面に
より通知しなければならない。

（開示決定等の期限の特例）

第八十四条　開示請求に係る保有個人情報が著
しく大量であるため、開示請求があった日か
ら六十日以内にその全てについて開示決定等
をすることにより事務の遂行に著しい支障が
生ずるおそれがある場合には、前条の規定に
かかわらず、行政機関の長等は、開示請求に
係る保有個人情報のうちの相当の部分につき
当該期間内に開示決定等をし、残りの保有個
人情報については相当の期間内に開示決定等
をすれば足りる。この場合において、行政機
関の長等は、同条第一項に規定する期間内に、
開示請求者に対し、次に掲げる事項を書面に
より通知しなければならない。

一　この条の規定を適用する旨及びその理由

二　残りの保有個人情報について開示決定等を
する期限

（事案の移送）

第八十五条　行政機関の長等は、開示請求に係
る保有個人情報が当該行政機関の長等が属す
る行政機関等以外の行政機関等から提供され
たものであるとき、その他他の行政機関の長
等において開示決定等をすることにつき正当
な理由があるときは、当該他の行政機関の長
等と協議の上、当該他の行政機関の長等に対
し、事案を移送することができる。この場合
においては、移送をした行政機関の長等は、開
示請求者に対し、事案を移送した旨を書面に
より通知しなければならない。

2　前項の規定により事案が移送されたときは、
移送を受けた行政機関の長等において、当該
開示請求についての開示決定等をしなければ
ならない。この場合において、移送をした行
政機関の長等が移送前にした行為は、移送を
受けた行政機関の長等がしたものとみなす。

3　前項の場合において、移送を受けた行政機関
の長等が第八十二条第一項の決定（以下この節
において「開示決定」という。）をしたときは、当
該行政機関の長等は、開示の実施をしなけれ

ばならない。この場合において、移送をした
行政機関の長等は、当該開示の実施に必要な
協力をしなければならない。

（第三者に対する意見書提出の機会の付与等）

第八十六条　開示請求に係る保有個人情報に国、
独立行政法人等、地方公共団体、地方独立行
政法人及び開示請求者以外の者（以下この条、
第百五条第二項第三号及び第百六条第一項において
「第三者」という。）に関する情報が含まれている
ときは、行政機関の長等は、開示決定等をす
るに当たって、当該情報に係る第三者に対し、
政令で定めるところにより、当該第三者に関
する情報の内容その他政令で定める事項を通
知して、意見書を提出する機会を与えること
ができる。

2　行政機関の長等は、次の各号のいずれかに該
当するときは、開示決定に先立ち、当該第三
者に対し、政令で定めるところにより、開示
請求に係る当該第三者に関する情報の内容そ
の他政令で定める事項を書面により通知して、
意見書を提出する機会を与えなければならな
い。ただし、当該第三者の所在が判明しない
場合は、この限りでない。

一　第三者に関する情報が含まれている保有個
人情報を開示しようとする場合であって、当
該第三者に関する情報が第七十八条第二号ロ
又は同条第三号ただし書に規定する情報に該
当すると認められるとき。

二　第三者に関する情報が含まれている保有個
人情報を第八十条の規定により開示しようと
するとき。

3　行政機関の長等は、前二項の規定により意見
書の提出の機会を与えられた第三者が当該第
三者に関する情報の開示に反対の意思を表示
した意見書を提出した場合において、開示決
定をするときは、開示決定の日と開示を実施
する日との間に少なくとも二週間を置かなけ
ればならない。この場合において、行政機関
の長等は、開示決定後直ちに、当該意見書（第
百五条において「反対意見書」という。）を提出し
た第三者に対し、開示決定をした旨及びその
理由並びに開示を実施する日を書面により通

知しなければならない。

（開示の実施）

第八十七条　保有個人情報の開示は、当該保有個人情報が、文書又は図画に記録されているときは閲覧又は写しの交付により、電磁的記録に記録されているときはその種別、情報化の進展状況等を勘案して行政機関等が定める方法により行う。ただし、閲覧の方法による保有個人情報の開示にあっては、行政機関の長等は、当該保有個人情報が記録されている文書又は図画の保存に支障を生ずるおそれがあると認めるとき、その他正当な理由があるときは、その写しにより、これを行うことができる。

2　行政機関等は、前項の規定に基づく電磁的記録についての開示の方法に関する定めを一般の閲覧に供しなければならない。

3　開示決定に基づき保有個人情報の開示を受ける者は、政令で定めるところにより、当該開示決定をした行政機関の長等に対し、その求める開示の実施の方法その他の政令で定める事項を申し出なければならない。

4　前項の規定による申出は、第八十二条第一項に規定する通知があった日から三十日以内にしなければならない。ただし、当該期間内に当該申出をすることができないことにつき正当な理由があるときは、この限りでない。

（他の法令による開示の実施との調整）

第八十八条　行政機関の長等は、他の法令の規定により、開示請求者に対し開示請求に係る保有個人情報が前条第一項本文に規定する方法と同一の方法で開示することとされている場合（開示の期間が定められている場合にあっては、当該期間内に限る。）には、同項本文の規定にかかわらず、当該保有個人情報については、当該同一の方法による開示を行わない。ただし、当該他の法令の規定に一定の場合には開示をしない旨の定めがあるときは、この限りでない。

2　他の法令の規定に定める開示の方法が縦覧であるときは、当該縦覧を前条第一項本文の閲覧とみなして、前項の規定を適用する。

（手数料）

第八十九条　行政機関の長に対し開示請求をする者は、政令で定めるところにより、実費の範囲内において政令で定める額の手数料を納めなければならない。

2　前項の手数料の額を定めるに当たっては、できる限り利用しやすい額とするよう配慮しなければならない。

3　独立行政法人等に対し開示請求をする者は、独立行政法人等の定めるところにより、手数料を納めなければならない。

4　前項の手数料の額は、実費の範囲内において、かつ、第一項の手数料の額を参酌して、独立行政法人等が定める。

5　独立行政法人等は、前二項の規定による定めを一般の閲覧に供しなければならない。

第二款　訂正

（訂正請求権）

第九十条　何人も、自己を本人とする保有個人情報（次に掲げるものに限る。第九十八条第一項において同じ。）の内容が事実でないと思料するときは、この法律の定めるところにより、当該保有個人情報を保有する行政機関の長等に対し、当該保有個人情報の訂正（追加又は削除を含む。以下この節において同じ。）を請求することができる。ただし、当該保有個人情報の訂正に関して他の法律又はこれに基づく命令の規定により特別の手続が定められているときは、この限りでない。

一　開示決定に基づき開示を受けた保有個人情報

二　開示決定に係る保有個人情報であって、第八十八条第一項の他の法令の規定により開示を受けたもの

2　代理人は、本人に代わって前項の規定による訂正の請求（以下この節及び第百二十五条において「訂正請求」という。）をすることができる。

3　訂正請求は、保有個人情報の開示を受けた日から九十日以内にしなければならない。

（訂正請求の手続）

第九十一条　訂正請求は、次に掲げる事項を記載した書面（第三項において「訂正請求書」とい

う。）を行政機関の長等に提出してしなければ
ならない。

一　訂正請求をする者の氏名及び住所又は居所

二　訂正請求に係る保有個人情報の開示を受け
た日その他当該保有個人情報を特定するに足
りる事項

三　訂正請求の趣旨及び理由

2　前項の場合において、訂正請求をする者は、
政令で定めるところにより、訂正請求に係る
保有個人情報の本人であること（前条第二項の
規定による訂正請求にあっては、訂正請求に係る保
有個人情報の本人の代理人であること）を示す書類
を提示し、又は提出しなければならない。

3　行政機関の長等は、訂正請求書に形式上の不
備があると認めるときは、訂正請求をした者
（以下この節において「訂正請求者」という。）に対
し、相当の期間を定めて、その補正を求める
ことができる。

（保有個人情報の訂正義務）

第九十二条　行政機関の長等は、訂正請求が
あった場合において、当該訂正請求に理由が
あると認めるときは、当該訂正請求に係る保
有個人情報の利用目的の達成に必要な範囲内
で、当該保有個人情報の訂正をしなければな
らない。

（訂正請求に対する措置）

第九十三条　行政機関の長等は、訂正請求に係
る保有個人情報の訂正をするときは、その旨
の決定をし、訂正請求者に対し、その旨を書
面により通知しなければならない。

2　行政機関の長等は、訂正請求に係る保有個人
情報の訂正をしないときは、その旨の決定を
し、訂正請求者に対し、その旨を書面により
通知しなければならない。

（訂正決定等の期限）

第九十四条　前条各項の決定（以下この節において
「訂正決定等」という。）は、訂正請求があった日
から三十日以内にしなければならない。ただ
し、第九十一条第三項の規定により補正を求
めた場合にあっては、当該補正に要した日数
は、当該期間に算入しない。

2　前項の規定にかかわらず、行政機関の長等は、

事務処理上の困難その他正当な理由があると
きは、同項に規定する期間を三十日以内に限
り延長することができる。この場合において、
行政機関の長等は、訂正請求者に対し、遅滞
なく、延長後の期間及び延長の理由を書面に
より通知しなければならない。

（訂正決定等の期限の特例）

第九十五条　行政機関の長等は、訂正決定等に
特に長期間を要すると認めるときは、前条の
規定にかかわらず、相当の期間内に訂正決定
等をすれば足りる。この場合において、行政
機関の長等は、同条第一項に規定する期間内
に、訂正請求者に対し、次に掲げる事項を書
面により通知しなければならない。

一　この条の規定を適用する旨及びその理由

二　訂正決定等をする期限

（事案の移送）

第九十六条　行政機関の長等は、訂正請求に係
る保有個人情報が第八十五条第三項の規定に
基づく開示に係るものであるとき、その他他
の行政機関の長等において訂正決定等をする
ことにつき正当な理由があるときは、当該他
の行政機関の長等と協議の上、当該他の行政
機関の長等に対し、事案を移送することがで
きる。この場合においては、移送をした行政
機関の長等は、訂正請求者に対し、事案を移
送した旨を書面により通知しなければならな
い。

2　前項の規定により事案が移送されたときは、
移送を受けた行政機関の長等において、当該
訂正請求についての訂正決定等をしなければ
ならない。この場合において、移送をした行
政機関の長等が移送前にした行為は、移送を
受けた行政機関の長等がしたものとみなす。

3　前項の場合において、移送を受けた行政機関
の長等が第九十三条第一項の決定（以下この項
及び次条において「訂正決定」という。）をしたと
きは、移送をした行政機関の長等は、当該訂
正決定に基づき訂正の実施をしなければなら
ない。

（保有個人情報の提供先への通知）

第九十七条　行政機関の長等は、訂正決定に基

づく保有個人情報の訂正の実施をした場合において、必要があると認めるときは、当該保有個人情報の提供先に対し、遅滞なく、その旨を書面により通知するものとする。

第三款　利用停止

（利用停止請求権）

第九十八条　何人も、自己を本人とする保有個人情報が次の各号のいずれかに該当すると思料するときは、この法律の定めるところにより、当該保有個人情報を保有する行政機関の長等に対し、当該各号に定める措置を請求することができる。ただし、当該保有個人情報の利用の停止、消去又は提供の停止（以下この節において「利用停止」という。）に関して他の法律又はこれに基づく命令の規定により特別の手続が定められているときは、この限りでない。

一　第六十一条第二項の規定に違反して保有されているとき、第六十三条の規定に違反して取り扱われているとき、第六十四条の規定に違反して取得されたものであるとき、又は第六十九条第一項及び第二項の規定に違反して利用されているとき　当該保有個人情報の利用の停止又は消去

二　第六十九条第一項及び第二項又は第七十一条第一項の規定に違反して提供されているとき　当該保有個人情報の提供の停止

2　代理人は、本人に代わって前項の規定による利用停止の請求（以下この節及び第百二十五条において「利用停止請求」という。）をすることができる。

3　利用停止請求は、保有個人情報の開示を受けた日から九十日以内にしなければならない。

（利用停止請求の手続）

第九十九条　利用停止請求は、次に掲げる事項を記載した書面（第三項において「利用停止請求書」という。）を行政機関の長等に提出してしなければならない。

一　利用停止請求をする者の氏名及び住所又は居所

二　利用停止請求に係る保有個人情報の開示を受けた日その他当該保有個人情報を特定する

に足りる事項

三　利用停止請求の趣旨及び理由

2　前項の場合において、利用停止請求をする者は、政令で定めるところにより、利用停止請求に係る保有個人情報の本人であること（前条第二項の規定による利用停止請求にあっては、利用停止請求に係る保有個人情報の本人の代理人であること）を示す書類を提示し、又は提出しなければならない。

3　行政機関の長等は、利用停止請求書に形式上の不備があると認めるときは、利用停止請求をした者（以下この節において「利用停止請求者」という。）に対し、相当の期間を定めて、その補正を求めることができる。

（保有個人情報の利用停止義務）

第百条　行政機関の長等は、利用停止請求があった場合において、当該利用停止請求に理由があると認めるときは、当該行政機関の長等の属する行政機関等における個人情報の適正な取扱いを確保するために必要な限度で、当該利用停止請求に係る保有個人情報の利用停止をしなければならない。ただし、当該保有個人情報の利用停止をすることにより、当該保有個人情報の利用目的に係る事務又は事業の性質上、当該事務又は事業の適正な遂行に著しい支障を及ぼすおそれがあると認められるときは、この限りでない。

（利用停止請求に対する措置）

第百一条　行政機関の長等は、利用停止請求に係る保有個人情報の利用停止をするときは、その旨の決定をし、利用停止請求者に対し、その旨を書面により通知しなければならない。

2　行政機関の長等は、利用停止請求に係る保有個人情報の利用停止をしないときは、その旨の決定をし、利用停止請求者に対し、その旨を書面により通知しなければならない。

（利用停止決定等の期限）

第百二条　前条各項の決定（以下この節において「利用停止決定等」という。）は、利用停止請求があった日から三十日以内にしなければならない。ただし、第九十九条第三項の規定により補正を求めた場合にあっては、当該補正に要

した日数は、当該期間に算入しない。

2　前項の規定にかかわらず、行政機関の長等は、事務処理上の困難その他正当な理由があるときは、同項に規定する期間を三十日以内に限り延長することができる。この場合において、行政機関の長等は、利用停止請求者に対し、遅滞なく、延長後の期間及び延長の理由を書面により通知しなければならない。

（利用停止決定等の期限の特例）

第百三条　行政機関の長等は、利用停止決定等に特に長期間を要すると認めるときは、前条の規定にかかわらず、相当の期間内に利用停止決定等をすれば足りる。この場合において、行政機関の長等は、同条第一項に規定する期間内に、利用停止請求者に対し、次に掲げる事項を書面により通知しなければならない。

一　この条の規定を適用する旨及びその理由

二　利用停止決定等をする期限

第四款　審査請求

（審理員による審理手続に関する規定の適用除外等）

第百四条　行政機関の長等に対する開示決定等、訂正決定等、利用停止決定等又は開示請求、訂正請求若しくは利用停止請求に係る不作為に係る審査請求については、行政不服審査法（平成二十六年法律第六十八号）第九条、第十七条、第二十四条、第二章第三節及び第四節並びに第五十条第二項の規定は、適用しない。

2　行政機関の長等に対する開示決定等、訂正決定等、利用停止決定等又は開示請求、訂正請求若しくは利用停止請求に係る不作為に係る審査請求についての行政不服審査法第二章の規定の適用については、同法第十一条第二項中「第九条第一項の規定により指名された者（以下「審理員」という。）」とあるのは「第四条（個人情報の保護に関する法律（平成十五年法律第五十七号）第百六条第二項の規定に基づく政令を含む。）の規定により審査請求がされた行政庁（第十四条の規定により引継ぎを受けた行政庁を含む。以下「審査庁」という。）」と、同法第十三条第一項及び第二項中「審理員」とあるのは「審査庁」と、同法第二十五条第七項中「あったとき、又は審理員から第四十条に規定する執行停止を

すべき旨の意見書が提出されたとき」とあるのは「あったとき」と、同法第四十四条中「行政不服審査会等」とあるのは「情報公開・個人情報保護審査会（審査庁が会計検査院長である場合にあっては、別に法律で定める審査会。第五十条第一項第四号において同じ。）」と、「受けたとき（前条第一項の規定による諮問を要しない場合（同項第二号又は第三号に該当する場合を除く。）にあっては審理員意見書が提出されたとき、同項第二号又は第三号に該当する場合にあっては同項第二号又は第三号に規定する議を経たとき）」とあるのは「受けたとき」と、同法第五十条第一項第四号中「審理員意見書又は行政不服審査会等若しくは審議会等」とあるのは「情報公開・個人情報保護審査会」とする。

（審査会への諮問）

第百五条　開示決定等、訂正決定等、利用停止決定等又は開示請求、訂正請求若しくは利用停止請求に係る不作為について審査請求があったときは、当該審査請求に対する裁決をすべき行政機関の長等は、次の各号のいずれかに該当する場合を除き、情報公開・個人情報保護審査会（審査請求に対する裁決をすべき行政機関の長等が会計検査院長である場合にあっては、別に法律で定める審査会）に諮問しなければならない。

一　審査請求が不適法であり、却下する場合

二　裁決で、審査請求の全部を認容し、当該審査請求に係る保有個人情報の全部を開示することとする場合（当該保有個人情報の開示について反対意見書が提出されている場合を除く。）

三　裁決で、審査請求の全部を認容し、当該審査請求に係る保有個人情報の訂正をすることとする場合

四　裁決で、審査請求の全部を認容し、当該審査請求に係る保有個人情報の利用停止をすることとする場合

2　前項の規定により諮問をした行政機関の長等は、次に掲げる者に対し、諮問をした旨を通知しなければならない。

一　審査請求人及び参加人（行政不服審査法第十三条第四項に規定する参加人をいう。以下この項

及び次条第一項第二号において同じ。）

二　開示請求者、訂正請求者又は利用停止請求者（これらの者が審査請求人又は参加人である場合を除く。）

三　当該審査請求に係る保有個人情報の開示について反対意見書を提出した第三者（当該第三者が審査請求人又は参加人である場合を除く。）

（第三者からの審査請求を棄却する場合等における手続等）

第百六条　第八十六条第三項の規定は、次の各号のいずれかに該当する裁決をする場合について準用する。

一　開示決定に対する第三者からの審査請求を却下し、又は棄却する裁決

二　審査請求に係る開示決定等（開示請求に係る保有個人情報の全部を開示する旨の決定を除く。）を変更し、当該審査請求に係る保有個人情報を開示する旨の裁決（第三者である参加人が当該第三者に関する情報の開示に反対の意思を表示している場合に限る。）

2　開示決定等、訂正決定等、利用停止決定等又は開示請求、訂正請求若しくは利用停止請求に係る不作為についての審査請求については、政令で定めるところにより、行政不服審査法第四条の規定の特例を設けることができる。

第五節　行政機関等匿名加工情報の提供等

（行政機関等匿名加工情報の作成及び提供等）

第百七条　行政機関の長等は、この節の規定に従い、行政機関等匿名加工情報（行政機関等匿名加工情報ファイルを構成するものに限る。以下この節において同じ。）を作成することができる。

2　行政機関の長等は、次の各号のいずれかに該当する場合を除き、行政機関等匿名加工情報を提供してはならない。

一　法令に基づく場合（この節の規定に従う場合を含む。）

二　保有個人情報を利用目的のために第三者に提供することができる場合において、当該保有個人情報を加工して作成した行政機関等匿名加工情報を当該第三者に提供するとき。

3　第六十九条の規定にかかわらず、行政機関の長等は、法令に基づく場合を除き、利用目的以外の目的のために削除情報（保有個人情報に該当するものに限る。）を自ら利用し、又は提供してはならない。

4　前項の「削除情報」とは、行政機関等匿名加工情報の作成に用いた保有個人情報から削除した記述等及び個人識別符号をいう。

（提案の募集に関する事項の個人情報ファイル簿への記載）

第百八条　行政機関の長等は、当該行政機関の長等の属する行政機関等が保有している個人情報ファイルが第六十条第三項各号のいずれにも該当すると認めるときは、当該個人情報ファイルについては、個人情報ファイル簿に次に掲げる事項を記載しなければならない。この場合における当該個人情報ファイルについての第七十五条第一項の規定の適用については、同項中「第十号」とあるのは、「第十号並びに第百八条各号」とする。

一　第百十条第一項の提案の募集をする個人情報ファイルである旨

二　第百十条第一項の提案を受ける組織の名称及び所在地

（提案の募集）

第百九条　行政機関の長等は、個人情報保護委員会規則で定めるところにより、定期的に、当該行政機関の長等の属する行政機関等が保有している個人情報ファイル（個人情報ファイル簿に前条第一号に掲げる事項の記載があるものに限る。以下この節において同じ。）について、次条第一項の提案を募集するものとする。

（行政機関等匿名加工情報をその用に供して行う事業に関する提案）

第百十条　前条の規定による募集に応じて個人情報ファイルを構成する保有個人情報を加工して作成する行政機関等匿名加工情報をその事業の用に供しようとする者は、行政機関の長等に対し、当該事業に関する提案をすることができる。

2　前項の提案は、個人情報保護委員会規則で定めるところにより、次に掲げる事項を記載した書面を行政機関の長等に提出してしなければならない。

一　提案をする者の氏名又は名称及び住所又は居所並びに法人その他の団体にあっては、その代表者の氏名

二　提案に係る個人情報ファイルの名称

三　提案に係る行政機関等匿名加工情報の本人の数

四　前号に掲げるもののほか、提案に係る行政機関等匿名加工情報の作成に用いる第百十四条第一項の規定による加工の方法を特定するに足りる事項

五　提案に係る行政機関等匿名加工情報の利用の目的及び方法その他当該行政機関等匿名加工情報がその用に供される事業の内容

六　提案に係る行政機関等匿名加工情報を前号の事業の用に供しようとする期間

七　提案に係る行政機関等匿名加工情報の漏えいの防止その他当該行政機関等匿名加工情報の適切な管理のために講ずる措置

八　前各号に掲げるもののほか、個人情報保護委員会規則で定める事項

3　前項の書面には、次に掲げる書面その他個人情報保護委員会規則で定める書類を添付しなければならない。

一　第一項の提案をする者が次条各号のいずれにも該当しないことを誓約する書面

二　前項第五号の事業が新たな産業の創出又は活力ある経済社会若しくは豊かな国民生活の実現に資するものであることを明らかにする書面

（欠格事由）

第百十一条　次の各号のいずれかに該当する者は、前条第一項の提案をすることができない。

一　未成年者

二　心身の故障により前条第一項の提案に係る行政機関等匿名加工情報をその用に供して行う事業を適正に行うことができない者として個人情報保護委員会規則で定めるもの

三　破産手続開始の決定を受けて復権を得ない者

四　禁錮以上の刑に処せられ、又はこの法律の規定により刑に処せられ、その執行を終わり、又は執行を受けることがなくなった日から起算して二年を経過しない者

五　第百十八条の規定により行政機関等匿名加工情報の利用に関する契約を解除され、その解除の日から起算して二年を経過しない者

六　法人その他の団体であって、その役員のうちに前各号のいずれかに該当する者があるもの

（提案の審査等）

第百十二条　行政機関の長等は、第百十条第一項の提案があったときは、当該提案が次に掲げる基準に適合するかどうかを審査しなければならない。

一　第百十条第一項の提案をした者が前条各号のいずれにも該当しないこと。

二　第百十条第二項第三号の提案に係る行政機関等匿名加工情報の本人の数が、行政機関等匿名加工情報の効果的な活用の観点からみて個人情報保護委員会規則で定める数以上であり、かつ、提案に係る個人情報ファイルを構成する保有個人情報の本人の数以下であること。

三　第百十条第二項第三号及び第四号に掲げる事項により特定される加工の方法が第百十四条第一項の基準に適合するものであること。

四　第百十条第二項第五号の事業が新たな産業の創出又は活力ある経済社会若しくは豊かな国民生活の実現に資するものであること。

五　第百十条第二項第六号の期間が行政機関等匿名加工情報の効果的な活用の観点からみて個人情報保護委員会規則で定める期間を超えないものであること。

六　第百十条第二項第五号の提案に係る行政機関等匿名加工情報の利用の目的及び方法並びに同項第七号の措置が当該行政機関等匿名加工情報の本人の権利利益を保護するために適切なものであること。

七　前各号に掲げるもののほか、個人情報保護委員会規則で定める基準に適合するものであること。

2　行政機関の長等は、前項の規定により審査した結果、第百十条第一項の提案が前項各号に掲げる基準のいずれにも適合すると認めると

きは、個人情報保護委員会規則で定めるところにより、当該提案をした者に対し、次に掲げる事項を通知するものとする。

一　次条の規定により行政機関の長等との間で行政機関等匿名加工情報の利用に関する契約を締結することができる旨

二　前号に掲げるもののほか、個人情報保護委員会規則で定める事項

3　行政機関の長等は、第一項の規定により審査した結果、第百十条第一項の提案が第一項各号に掲げる基準のいずれかに適合しないと認めるときは、個人情報保護委員会規則で定めるところにより、当該提案をした者に対し、理由を付して、その旨を通知するものとする。

（行政機関等匿名加工情報の利用に関する契約の締結）

第百十三条　前条第二項の規定による通知を受けた者は、個人情報保護委員会規則で定めるところにより、行政機関の長等との間で、行政機関等匿名加工情報の利用に関する契約を締結することができる。

（行政機関等匿名加工情報の作成等）

第百十四条　行政機関の長等は、行政機関等匿名加工情報を作成するときは、特定の個人を識別することができないように及びその作成に用いる保有個人情報を復元することができないようにするために必要なものとして個人情報保護委員会規則で定める基準に従い、当該保有個人情報を加工しなければならない。

2　前項の規定は、行政機関等から行政機関等匿名加工情報の作成の委託（二以上の段階にわたる委託を含む。）を受けた者が受託した業務を行う場合について準用する。

（行政機関等匿名加工情報に関する事項の個人情報ファイル簿への記載）

第百十五条　行政機関の長等は、行政機関等匿名加工情報を作成したときは、当該行政機関等匿名加工情報の作成に用いた保有個人情報を含む個人情報ファイルについては、個人情報ファイル簿に次に掲げる事項を記載しなければならない。この場合における当該個人情報ファイルについての第百八条の規定により読み替えて適用する第七十五条第一項の規定

の適用については、同項中「並びに第百八条各号」とあるのは、「、第百八条各号並びに第百十五条各号」とする。

一　行政機関等匿名加工情報の概要として個人情報保護委員会規則で定める事項

二　次条第一項の提案を受ける組織の名称及び所在地

三　次条第一項の提案をすることができる期間

（作成された行政機関等匿名加工情報をその用に供して行う事業に関する提案等）

第百十六条　前条の規定により個人情報ファイル簿に同条第一号に掲げる事項が記載された行政機関等匿名加工情報をその事業の用に供しようとする者は、行政機関の長等に対し、当該事業に関する提案をすることができる。当該行政機関等匿名加工情報について第百十三条の規定により行政機関等匿名加工情報の利用に関する契約を締結した者が、当該行政機関等匿名加工情報をその用に供する事業を変更しようとするときも、同様とする。

2　第百十条第二項及び第三項並びに第百十一条から第百十三条までの規定は、前項の提案について準用する。この場合において、第百十条第二項中「次に」とあるのは「第一号及び第四号から第八号までに」と、同項第四号中「前号に掲げるもののほか、提案」とあるのは「提案」と、「の作成に用いる第百十四条第一項の規定による加工の方法を特定する」とあるのは「を特定する」と、同項第八号中「前各号」とあるのは「第一号及び第四号から前号まで」と、第百十二条第一項中「次に」とあるのは「第一号及び第四号から第七号までに」と、同項第七号中「前各号」とあるのは「第一号及び前三号」と、同条第二項中「前項各号」とあるのは「前項第一号及び第四号から第七号まで」と、同条第三項中「第一項各号」とあるのは「第一項第一号及び第四号から第七号まで」と読み替えるものとする。

（手数料）

第百十七条　第百十三条の規定により行政機関等匿名加工情報の利用に関する契約を行政機関の長と締結する者は、政令で定めるところ

により、実費を勘案して政令で定める額の手数料を納めなければならない。

2　前条第二項において準用する第百十三条の規定により行政機関等匿名加工情報の利用に関する契約を行政機関の長と締結する者は、政令で定めるところにより、前項の政令で定める額を参酌して政令で定める額の手数料を納めなければならない。

3　第百十三条の規定（前条第二項において準用する場合を含む。次条において同じ。）により行政機関等匿名加工情報の利用に関する契約を独立行政法人等と締結する者は、独立行政法人等の定めるところにより、利用料を納めなければならない。

4　前項の利用料の額は、実費を勘案して合理的であると認められる範囲内において、独立行政法人等が定める。

5　独立行政法人等は、前二項の規定による定めを一般の閲覧に供しなければならない。

（行政機関等匿名加工情報の利用に関する契約の解除）

第百十八条　行政機関の長等は、第百十三条の規定により行政機関等匿名加工情報の利用に関する契約を締結した者が次の各号のいずれかに該当するときは、当該契約を解除することができる。

一　偽りその他不正の手段により当該契約を締結したとき。

二　第百十一条各号（第百十六条第二項において準用する場合を含む。）のいずれかに該当することとなったとき。

三　当該契約において定められた事項について重大な違反があったとき。

（識別行為の禁止等）

第百十九条　行政機関の長等は、行政機関等匿名加工情報を取り扱うに当たっては、法令に基づく場合を除き、当該行政機関等匿名加工情報の作成に用いられた個人情報に係る本人を識別するために、当該行政機関等匿名加工情報を他の情報と照合してはならない。

2　行政機関の長等は、行政機関等匿名加工情報、第百七条第四項に規定する削除情報及び第百十四条第一項の規定により行った加工の方法に関する情報（以下この条及び次条において「行政機関等匿名加工情報等」という。）の漏えいを防止するために必要なものとして個人情報保護委員会規則で定める基準に従い、行政機関等匿名加工情報等の適切な管理のために必要な措置を講じなければならない。

3　前二項の規定は、行政機関等から行政機関等匿名加工情報等の取扱いの委託（二以上の段階にわたる委託を含む。）を受けた者が受託した業務を行う場合について準用する。

（従事者の義務）

第百二十条　行政機関等匿名加工情報等の取扱いに従事する行政機関等の職員若しくは職員であった者、前条第三項の委託を受けた業務に従事している者若しくは従事していた者又は行政機関等において行政機関等匿名加工情報等の取扱いに従事している派遣労働者若しくは従事していた派遣労働者は、その業務に関して知り得た行政機関等匿名加工情報等の内容をみだりに他人に知らせ、又は不当な目的に利用してはならない。

（匿名加工情報の取扱いに係る義務）

第百二十一条　行政機関等は、匿名加工情報（行政機関等匿名加工情報を除く。以下この条において同じ。）を第三者に提供するときは、法令に基づく場合を除き、個人情報保護委員会規則で定めるところにより、あらかじめ、第三者に提供される匿名加工情報に含まれる個人に関する情報の項目及びその提供の方法について公表するとともに、当該第三者に対して、当該提供に係る情報が匿名加工情報である旨を明示しなければならない。

2　行政機関等は、匿名加工情報を取り扱うに当たっては、法令に基づく場合を除き、当該匿名加工情報の作成に用いられた個人情報に係る本人を識別するために、当該個人情報から削除された記述等若しくは個人識別符号若しくは第四十三条第一項の規定により行われた加工の方法に関する情報を取得し、又は当該匿名加工情報を他の情報と照合してはならない。

3　行政機関等は、匿名加工情報の漏えいを防止

するために必要なものとして個人情報保護委員会規則で定める基準に従い、匿名加工情報の適切な管理のために必要な措置を講じなければならない。

4　前二項の規定は、行政機関等から匿名加工情報の取扱いの委託（二以上の段階にわたる委託を含む。）を受けた者が受託した業務を行う場合について準用する。

第六節　雑則

（適用除外等）

第百二十二条　第四節の規定は、刑事事件若しくは少年の保護事件に係る裁判、検察官、検察事務官若しくは司法警察職員が行う処分、刑若しくは保護処分の執行、更生緊急保護又は恩赦に係る保有個人情報（当該裁判、処分若しくは執行を受けた者、更生緊急保護の申出をした者又は恩赦の上申があった者に係るものに限る。）については、適用しない。

2　保有個人情報（行政機関情報公開法第五条又は独立行政法人等情報公開法第五条に規定する不開示情報を専ら記録する行政文書等に記録されているものに限る。）のうち、まだ分類その他の整理が行われていないもので、同一の利用目的に係るものが著しく大量にあるためその中から特定の保有個人情報を検索することが著しく困難であるものは、第四節（第四款を除く。）の規定の適用については、行政機関等に保有されていないものとみなす。

（適用の特例）

第百二十三条　独立行政法人労働者健康安全機構が行う病院の運営の業務における個人情報、仮名加工情報又は個人関連情報の取扱いについては、この章（第一節、第六十六条第二項（第三号及び第四号（同項第三号に係る部分に限る。）に係る部分に限る。）において準用する同条第一項、第七十五条、前二節、前条第二項及び第百二十五条を除く。）の規定、第百七十一条及び第百七十五条の規定（これらの規定のうち第六十六条第二項第三号及び第四号（同項第三号に係る部分に限る。）に定める業務に係る部分を除く。）並びに第百七十六条の規定は、適用しない。

2　別表第二に掲げる法人による個人情報又は匿名加工情報の取扱いについては、独立行政法人等による個人情報又は匿名加工情報の取扱いとみなして、第一節、第七十五条、前二節、前条第二項、第百二十五条及び次章から第八章まで（第百七十一条、第百七十五条及び第百七十六条を除く。）の規定を適用する。

3　別表第二に掲げる法人及び独立行政法人労働者健康安全機構（病院の運営の業務を行う場合に限る。）についての第九十八条の規定の適用については、同条第一項第一号中「第六十一条第二項の規定に違反して保有されているとき、第六十三条の規定に違反して取り扱われているとき、第六十四条の規定に違反して取得されたものであるとき、又は第六十九条第一項及び第二項の規定に違反して利用されているとき」とあるのは「第十八条若しくは第十九条の規定に違反して取り扱われているとき、又は第二十条の規定に違反して取得されたものであるとき」と、同項第二号中「第六十九条第一項及び第二項又は第七十一条第一項」とあるのは「第二十七条第一項又は第二十八条」とする。

（権限又は事務の委任）

第百二十四条　行政機関の長は、政令（内閣の所轄の下に置かれる機関及び会計検査院にあっては、当該機関の命令）で定めるところにより、第二節から前節まで（第七十四条及び第四節第四款を除く。）に定める権限又は事務を当該行政機関の職員に委任することができる。

（開示請求等をしようとする者に対する情報の提供等）

第百二十五条　行政機関の長等は、開示請求、訂正請求若しくは利用停止請求又は第百十条第一項若しくは第百十六条第一項の提案（以下この条において「開示請求等」という。）をしようとする者がそれぞれ容易かつ的確に開示請求等をすることができるよう、当該行政機関の長等の属する行政機関等が保有する保有個人情報の特定又は当該提案に資する情報の提供その他開示請求等をしようとする者の利便を考慮した適切な措置を講ずるものとする。

（行政機関等における個人情報等の取扱いに関する苦情処理）

第百二十六条　行政機関の長等は、行政機関等における個人情報、仮名加工情報又は匿名加工情報の取扱いに関する苦情の適切かつ迅速な処理に努めなければならない。

第六章　個人情報保護委員会

第一節　設置等

（設置）

第百二十七条　内閣府設置法第四十九条第三項の規定に基づいて、個人情報保護委員会（以下「委員会」という。）を置く。

2　委員会は、内閣総理大臣の所轄に属する。

（任務）

第百二十八条　委員会は、行政機関等の事務及び事業の適正かつ円滑な運営を図り、並びに個人情報の適正かつ効果的な活用が新たな産業の創出並びに活力ある経済社会及び豊かな国民生活の実現に資するものであることその他の個人情報の有用性に配慮しつつ、個人の権利利益を保護するため、個人情報の適正な取扱いの確保を図ること（個人番号利用事務等実施者（行政手続における特定の個人を識別するための番号の利用等に関する法律（平成二十五年法律第二十七号。以下「番号利用法」という。）第十二条に規定する個人番号利用事務等実施者をいう。）に対する指導及び助言その他の措置を講ずることを含む。）を任務とする。

（所掌事務）

第百二十九条　委員会は、前条の任務を達成するため、次に掲げる事務をつかさどる。

一　基本方針の策定及び推進に関すること。

二　個人情報取扱事業者における個人情報の取扱い、個人情報取扱事業者及び仮名加工情報取扱事業者における仮名加工情報の取扱い、個人情報取扱事業者及び匿名加工情報取扱事業者における匿名加工情報の取扱い並びに個人関連情報取扱事業者における個人関連情報の取扱いに関する監督、行政機関等における個人情報、仮名加工情報、匿名加工情報及び個人関連情報の取扱いに関する監視並びに個人情報、仮名加工情報及び匿名加工情報の取扱いに関する苦情の申出についての必要なあっせん及びその処理を行う事業者への協力に関

すること（第四号に掲げるものを除く。）。

三　認定個人情報保護団体に関すること。

四　特定個人情報（番号利用法第二条第八項に規定する特定個人情報をいう。）の取扱いに関する監視又は監督並びに苦情の申出についての必要なあっせん及びその処理を行う事業者への協力に関すること。

五　特定個人情報保護評価（番号利用法第二十七条第一項に規定する特定個人情報保護評価をいう。）に関すること。

六　個人情報の保護及び適正かつ効果的な活用についての広報及び啓発に関すること。

七　前各号に掲げる事務を行うために必要な調査及び研究に関すること。

八　所掌事務に係る国際協力に関すること。

九　前各号に掲げるもののほか、法律（法律に基づく命令を含む。）に基づき委員会に属させられた事務

（職権行使の独立性）

第百三十条　委員会の委員長及び委員は、独立してその職権を行う。

（組織等）

第百三十一条　委員会は、委員長及び委員八人をもって組織する。

2　委員のうち四人は、非常勤とする。

3　委員長及び委員は、人格が高潔で識見の高い者のうちから、両議院の同意を得て、内閣総理大臣が任命する。

4　委員長及び委員には、個人情報の保護及び適正かつ効果的な活用に関する学識経験のある者、消費者の保護に関して十分な知識と経験を有する者、情報処理技術に関する学識経験のある者、行政分野に関する学識経験のある者、民間企業の実務に関して十分な知識と経験を有する者並びに連合組織（地方自治法（昭和二十二年法律第六十七号）第二百六十三条の三第一項の連合組織で同項の規定による届出をしたものをいう。）の推薦する者が含まれるものとする。

（任期等）

第百三十二条　委員長及び委員の任期は、五年とする。ただし、補欠の委員長又は委員の任期は、前任者の残任期間とする。

巻末資料

2　委員長及び委員は、再任されることができる。

3　委員長及び委員の任期が満了したときは、当該委員長及び委員は、後任者が任命されるまで引き続きその職務を行うものとする。

4　委員長又は委員の任期が満了し、又は欠員を生じた場合において、国会の閉会又は衆議院の解散のために両議院の同意を得ることができないときは、内閣総理大臣は、前条第三項の規定にかかわらず、同項に定める資格を有する者のうちから、委員長又は委員を任命することができる。

5　前項の場合においては、任命後最初の国会において両議院の事後の承認を得なければならない。この場合において、両議院の事後の承認が得られないときは、内閣総理大臣は、直ちに、その委員長又は委員を罷免しなければならない。

（身分保障）

第百三十三条　委員長及び委員は、次の各号のいずれかに該当する場合を除いては、在任中、その意に反して罷免されることがない。

一　破産手続開始の決定を受けたとき。

二　この法律又は番号利用法の規定に違反して刑に処せられたとき。

三　禁錮以上の刑に処せられたとき。

四　委員会により、心身の故障のため職務を執行することができないと認められたとき、又は職務上の義務違反その他委員長若しくは委員たるに適しない非行があると認められたとき。

（罷免）

第百三十四条　内閣総理大臣は、委員長又は委員が前条各号のいずれかに該当するときは、その委員長又は委員を罷免しなければならない。

（委員長）

第百三十五条　委員長は、委員会の会務を総理し、委員会を代表する。

2　委員会は、あらかじめ常勤の委員のうちから、委員長に事故がある場合に委員長を代理する者を定めておかなければならない。

（会議）

第百三十六条　委員会の会議は、委員長が招集

する。

2　委員会は、委員長及び四人以上の委員の出席がなければ、会議を開き、議決をすることができない。

3　委員会の議事は、出席者の過半数でこれを決し、可否同数のときは、委員長の決するところによる。

4　第百三十三条第四号の規定による認定をするには、前項の規定にかかわらず、本人を除く全員の一致がなければならない。

5　委員長に事故がある場合の第二項の規定の適用については、前条第二項に規定する委員長を代理する者は、委員長とみなす。

（専門委員）

第百三十七条　委員会に、専門の事項を調査させるため、専門委員を置くことができる。

2　専門委員は、委員会の申出に基づいて内閣総理大臣が任命する。

3　専門委員は、当該専門の事項に関する調査が終了したときは、解任されるものとする。

4　専門委員は、非常勤とする。

（事務局）

第百三十八条　委員会の事務を処理させるため、委員会に事務局を置く。

2　事務局に、事務局長その他の職員を置く。

3　事務局長は、委員長の命を受けて、局務を掌理する。

（政治運動等の禁止）

第百三十九条　委員長及び委員は、在任中、政党その他の政治団体の役員となり、又は積極的に政治運動をしてはならない。

2　委員長及び常勤の委員は、在任中、内閣総理大臣の許可のある場合を除くほか、報酬を得て他の職務に従事し、又は営利事業を営み、その他金銭上の利益を目的とする業務を行ってはならない。

（秘密保持義務）

第百四十条　委員長、委員、専門委員及び事務局の職員は、職務上知ることのできた秘密を漏らし、又は盗用してはならない。その職務を退いた後も、同様とする。

（給与）

第百四十一条　委員長及び委員の給与は、別に法律で定める。

（規則の制定）

第百四十二条　委員会は、その所掌事務について、法律若しくは政令を実施するため、又は法律若しくは政令の特別の委任に基づいて、個人情報保護委員会規則を制定することができる。

第二節　監督及び監視

第一款　個人情報取扱事業者等の監督

（報告及び立入検査）

第百四十三条　委員会は、第四章（第五節を除く。次条及び第百四十八条において同じ。）の規定の施行に必要な限度において、個人情報取扱事業者、仮名加工情報取扱事業者、匿名加工情報取扱事業者又は個人関連情報取扱事業者（以下この款において「個人情報取扱事業者等」という。）その他の関係者に対し、個人情報、仮名加工情報、匿名加工情報又は個人関連情報（以下この款及び第三款において「個人情報等」という。）の取扱いに関し、必要な報告若しくは資料の提出を求め、又はその職員に、当該個人情報取扱事業者等その他の関係者の事務所その他必要な場所に立ち入らせ、個人情報等の取扱いに関し質問させ、若しくは帳簿書類その他の物件を検査させることができる。

2　前項の規定により立入検査をする職員は、その身分を示す証明書を携帯し、関係人の請求があったときは、これを提示しなければならない。

3　第一項の規定による立入検査の権限は、犯罪捜査のために認められたものと解釈してはならない。

（指導及び助言）

第百四十四条　委員会は、第四章の規定の施行に必要な限度において、個人情報取扱事業者等に対し、個人情報等の取扱いに関し必要な指導及び助言をすることができる。

（勧告及び命令）

第百四十五条　委員会は、個人情報取扱事業者が第十八条から第二十条まで、第二十一条（第

一項、第三項及び第四項の規定を第四十一条第四項の規定により読み替えて適用する場合を含む。）、第二十三条から第二十六条まで、第二十七条（第四項を除き、第五項及び第六項の規定を第四十一条第六項の規定により読み替えて適用する場合を含む。）、第二十八条、第二十九条（第一項ただし書の規定を第四十一条第六項の規定により読み替えて適用する場合を含む。）、第三十条（第二項を除き、第一項ただし書の規定を第四十一条第六項の規定により読み替えて適用する場合を含む。）、第三十二条、第三十三条（第一項（第五項において準用する場合を含む。）を除く。）、第三十四条第二項若しくは第三項、第三十五条（第一項、第三項及び第五項を除く。）、第三十八条第二項、第四十一条（第四項及び第五項を除く。）若しくは第四十三条（第六項を除く。）の規定に違反した場合、個人関連情報取扱事業者が第三十一条第一項、同条第二項において読み替えて準用する第二十八条第三項若しくは第三十一条第三項において読み替えて準用する第三十条第三項若しくは第四項の規定に違反した場合、仮名加工情報取扱事業者が第四十二条第一項、同条第二項において読み替えて準用する第二十七条第五項若しくは第六項若しくは第四十二条第三項において読み替えて準用する第二十三条から第二十五条まで若しくは第四十一条第七項若しくは第八項の規定に違反した場合又は匿名加工情報取扱事業者が第四十四条若しくは第四十五条の規定に違反した場合において個人の権利利益を保護するため必要があると認めるときは、当該個人情報取扱事業者等に対し、当該違反行為の中止その他違反を是正するために必要な措置をとるべき旨を勧告することができる。

2　委員会は、前項の規定による勧告を受けた個人情報取扱事業者等が正当な理由がなくてその勧告に係る措置をとらなかった場合において個人の重大な権利利益の侵害が切迫していると認めるときは、当該個人情報取扱事業者等に対し、その勧告に係る措置をとるべきことを命ずることができる。

3　委員会は、前二項の規定にかかわらず、個人

情報取扱事業者が第十八条から第二十条まで、第二十三条から第二十六条まで、第二十七条第一項、第二十八条第一項若しくは第三項、第四十一条第一項から第三項まで若しくは第六項から第八項まで若しくは第四十三条第一項、第二項若しくは第五項の規定に違反した場合、個人関連情報取扱事業者が第三十一条第一項若しくは同条第二項において読み替えて準用する第二十八条第三項の規定に違反した場合、仮名加工情報取扱事業者が第四十二条第一項若しくは同条第三項において読み替えて準用する第二十三条から第二十五条まで若しくは第四十一条第七項若しくは第八項の規定に違反した場合又は匿名加工情報取扱事業者が第四十五条の規定に違反した場合において個人の重大な権利利益を害する事実があるため緊急に措置をとる必要があると認めるときは、当該個人情報取扱事業者等に対し、当該違反行為の中止その他違反を是正するために必要な措置をとるべきことを命ずることができる。

4 委員会は、前二項の規定による命令をした場合において、その命令を受けた個人情報取扱事業者等がその命令に違反したときは、その旨を公表することができる。

（委員会の権限の行使の制限）

第百四十六条 委員会は、前三条の規定により個人情報取扱事業者等に対し報告若しくは資料の提出の要求、立入検査、指導、助言、勧告又は命令を行うに当たっては、表現の自由、学問の自由、信教の自由及び政治活動の自由を妨げてはならない。

2 前項の規定の趣旨に照らし、委員会は、個人情報取扱事業者等が第五十七条第一項各号に掲げる者（それぞれ当該各号に定める目的で個人情報等を取り扱う場合に限る。）に対して個人情報等を提供する行為については、その権限を行使しないものとする。

（権限の委任）

第百四十七条 委員会は、緊急かつ重点的に個人情報等の適正な取扱いの確保を図る必要があることその他の政令で定める事情があるた

め、個人情報取扱事業者等に対し、第百四十五条第一項の規定による勧告又は同条第二項若しくは第三項の規定による命令を効果的に行う上で必要があると認めるときは、政令で定めるところにより、第二十六条第一項、第百四十三条第一項、第百五十九条において読み替えて準用する民事訴訟法（平成八年法律第百九号）第九十九条、第百一条、第百三条、第百五条、第百六条、第百八条及び第百九条、第百六十条並びに第百六十一条の規定による権限を事業所管大臣に委任することができる。

2 事業所管大臣は、前項の規定により委任された権限を行使したときは、政令で定めるところにより、その結果について委員会に報告するものとする。

3 事業所管大臣は、政令で定めるところにより、第一項の規定により委任された権限及び前項の規定による権限について、その全部又は一部を内閣府設置法第四十三条の地方支分部局その他の政令で定める部局又は機関の長に委任することができる。

4 内閣総理大臣は、第一項の規定により委任された権限及び第二項の規定による権限（金融庁の所掌に係るものに限り、政令で定めるものを除く。）を金融庁長官に委任する。

5 金融庁長官は、政令で定めるところにより、前項の規定により委任された権限について、その一部を証券取引等監視委員会に委任することができる。

6 金融庁長官は、政令で定めるところにより、第四項の規定により委任された権限（前項の規定により証券取引等監視委員会に委任されたものを除く。）の一部を財務局長又は財務支局長に委任することができる。

7 証券取引等監視委員会は、政令で定めるところにより、第五項の規定により委任された権限の一部を財務局長又は財務支局長に委任することができる。

8 前項の規定により財務局長又は財務支局長に委任された権限に係る事務に関しては、証券取引等監視委員会が財務局長又は財務支局長を指揮監督する。

9　第五項の場合において、証券取引等監視委員会が行う報告又は資料の提出の要求（第七項の規定により財務局長又は財務支局長が行う場合を含む。）についての審査請求は、証券取引等監視委員会に対してのみ行うことができる。

（事業所管大臣の請求）

第百四十八条　事業所管大臣は、個人情報取扱事業者等に第四章の規定に違反する行為があると認めるときその他個人情報取扱事業者等による個人情報等の適正な取扱いを確保するために必要があると認めるときは、委員会に対し、この法律の規定に従い適当な措置をとるべきことを求めることができる。

（事業所管大臣）

第百四十九条　この款の規定における事業所管大臣は、次のとおりとする。

一　個人情報取扱事業者等が行う個人情報等の取扱いのうち雇用管理に関するものについては、厚生労働大臣（船員の雇用管理に関するものについては、国土交通大臣）及び当該個人情報取扱事業者等が行う事業を所管する大臣、国家公安委員会又はカジノ管理委員会（次号において「大臣等」という。）

二　個人情報取扱事業者等が行う個人情報等の取扱いのうち前号に掲げるもの以外のものについては、当該個人情報取扱事業者等が行う事業を所管する大臣等

第二款　認定個人情報保護団体の監督

（報告の徴収）

第百五十条　委員会は、第四章第五節の規定の施行に必要な限度において、認定個人情報保護団体に対し、認定業務に関し報告をさせることができる。

（命令）

第百五十一条　委員会は、第四章第五節の規定の施行に必要な限度において、認定個人情報保護団体に対し、認定業務の実施の方法の改善、個人情報保護指針の変更その他の必要な措置をとるべき旨を命ずることができる。

（認定の取消し）

第百五十二条　委員会は、認定個人情報保護団体が次の各号のいずれかに該当するときは、そ

の認定を取り消すことができる。

一　第四十八条第一号又は第三号に該当するに至ったとき。

二　第四十九条各号のいずれかに適合しなくなったとき。

三　第五十五条の規定に違反したとき。

四　前条の命令に従わないとき。

五　不正の手段により第四十七条第一項の認定又は第五十条第一項の変更の認定を受けたとき。

2　委員会は、前項の規定により認定を取り消したときは、その旨を公示しなければならない。

第三款　行政機関等の監視

（資料の提出の要求及び実地調査）

第百五十三条　委員会は、前章の規定の円滑な運用を確保するため必要があると認めるときは、行政機関の長等（会計検査院長を除く。以下この款において同じ。）に対し、行政機関等における個人情報等の取扱いに関する事務の実施状況について、資料の提出及び説明を求め、又はその職員に実地調査をさせることができる。

（指導及び助言）

第百五十四条　委員会は、前章の規定の円滑な運用を確保するため必要があると認めるときは、行政機関の長等に対し、行政機関等における個人情報等の取扱いについて、必要な指導及び助言をすることができる。

（勧告）

第百五十五条　委員会は、前章の規定の円滑な運用を確保するため必要があると認めるときは、行政機関の長等に対し、行政機関等における個人情報等の取扱いについて勧告をすることができる。

（勧告に基づいてとった措置についての報告の要求）

第百五十六条　委員会は、前条の規定により行政機関の長等に対し勧告をしたときは、当該行政機関の長等に対し、その勧告に基づいてとった措置について報告を求めることができる。

（委員会の権限の行使の制限）

第百五十七条　第百四十六条第一項の規定の趣旨に照らし、委員会は、行政機関の長等が第

五十七条第一項各号に掲げる者（それぞれ当該各号に定める目的で個人情報等を取り扱う場合に限る。）に対して個人情報等を提供する行為については、その権限を行使しないものとする。

第三節　送達

（送達すべき書類）

第百五十八条　第百四十三条第一項の規定による報告若しくは資料の提出の要求、第百四十五条第一項の規定による勧告若しくは同条第二項若しくは第三項の規定による命令、第百五十条の規定による報告の徴収、第百五十一条の規定による命令又は第百五十二条第一項の規定による取消しは、個人情報保護委員会規則で定める書類を送達して行う。

2　第百四十五条第二項若しくは第三項若しくは第百五十一条の規定による命令又は第百五十二条第一項の規定による取消しに係る行政手続法（平成五年法律第八十八号）第十五条第一項又は第三十条の通知は、同法第十五条第一項及び第二項又は第三十条の書類を送達して行う。この場合において、同法第十五条第三項（同法第三十一条において読み替えて準用する場合を含む。）の規定は、適用しない。

（送達に関する民事訴訟法の準用）

第百五十九条　前条の規定による送達については、民事訴訟法第九十九条、第百一条、第百三条、第百五条、第百六条、第百八条及び第百九条の規定を準用する。この場合において、同法第九十九条第一項中「執行官」とあるのは「個人情報保護委員会の職員」と、同法第百八条中「裁判長」とあり、及び同法第百九条中「裁判所」とあるのは「個人情報保護委員会」と読み替えるものとする。

（公示送達）

第百六十条　委員会は、次に掲げる場合には、公示送達をすることができる。

一　送達を受けるべき者の住所、居所その他送達をすべき場所が知れない場合

二　外国（本邦の域外にある国又は地域をいう。以下同じ。）においてすべき送達について、前条において読み替えて準用する民事訴訟法第百八条の規定によることができず、又はこれによっ

ても送達をすることができないと認めるべき場合

三　前条において読み替えて準用する民事訴訟法第百八条の規定により外国の管轄官庁に嘱託を発した後六月を経過してもその送達を証する書面の送付がない場合

2　公示送達は、送達をすべき書類を送達を受けるべき者にいつでも交付すべき旨を委員会の掲示場に掲示することにより行う。

3　公示送達は、前項の規定による掲示を始めた日から二週間を経過することによって、その効力を生ずる。

4　外国においてすべき送達についてした公示送達にあっては、前項の期間は、六週間とする。

（電子情報処理組織の使用）

第百六十一条　委員会の職員が、情報通信技術を活用した行政の推進等に関する法律（平成十四年法律第百五十一号）第三条第九号に規定する処分通知等であって第百五十八条の規定により書類を送達して行うこととしているものに関する事務を、同法第七条第一項の規定により同法第六条第一項に規定する電子情報処理組織を使用して行ったときは、第百五十九条において読み替えて準用する民事訴訟法第百九条の規定による送達に関する事項を記載した書面の作成及び提出に代えて、当該事項を当該電子情報処理組織を使用して委員会の使用に係る電子計算機（入出力装置を含む。）に備えられたファイルに記録しなければならない。

第四節　雑則

（施行の状況の公表）

第百六十二条　委員会は、行政機関の長等に対し、この法律の施行の状況について報告を求めることができる。

2　委員会は、毎年度、前項の報告を取りまとめ、その概要を公表するものとする。

（国会に対する報告）

第百六十三条　委員会は、毎年、内閣総理大臣を経由して国会に対し所掌事務の処理状況を報告するとともに、その概要を公表しなけれ

ばならない。

（案内所の整備）

第百六十四条　委員会は、この法律の円滑な運用を確保するため、総合的な案内所を整備するものとする。

（地方公共団体が処理する事務）

第百六十五条　この法律に規定する委員会の権限及び第百四十七条第一項又は第四項の規定により事業所管大臣又は金融庁長官に委任された権限に属する事務は、政令で定めるところにより、地方公共団体の長その他の執行機関が行うこととすることができる。

第七章　雑則

（適用範囲）

第百六十六条　この法律は、個人情報取扱事業者、仮名加工情報取扱事業者、匿名加工情報取扱事業者又は個人関連情報取扱事業者が、国内にある者に対する物品又は役務の提供に関連して、国内にある者を本人とする個人情報、当該個人情報として取得されることとなる個人関連情報又は当該個人情報を用いて作成された仮名加工情報若しくは匿名加工情報を、外国において取り扱う場合についても、適用する。

（外国執行当局への情報提供）

第百六十七条　委員会は、この法律に相当する外国の法令を執行する外国の当局（以下この条において「外国執行当局」という。）に対し、その職務（この法律に規定する委員会の職務に相当するものに限る。次項において同じ。）の遂行に資すると認める情報の提供を行うことができる。

2　前項の規定による情報の提供については、当該情報が当該外国執行当局の職務の遂行以外に使用されず、かつ、次項の規定による同意がなければ外国の刑事事件の捜査（その対象たる犯罪事実が特定された後のものに限る。）又は審判（同項において「捜査等」という。）に使用されないよう適切な措置がとられなければならない。

3　委員会は、外国執行当局からの要請があったときは、次の各号のいずれかに該当する場合

を除き、第一項の規定により提供した情報を当該要請に係る外国の刑事事件の捜査等に使用することについて同意をすることができる。

一　当該要請に係る刑事事件の捜査等の対象とされている犯罪が政治犯罪であるとき、又は当該要請が政治犯罪について捜査等を行う目的で行われたものと認められるとき。

二　当該要請に係る刑事事件の捜査等の対象とされている犯罪に係る行為が日本国内において行われたとした場合において、その行為が日本国の法令によれば罪に当たるものでないとき。

三　日本国が行う同種の要請に応ずる旨の要請国の保証がないとき。

4　委員会は、前項の同意をする場合においては、あらかじめ、同項第一号及び第二号に該当しないことについて法務大臣の確認を、同項第三号に該当しないことについて外務大臣の確認を、それぞれ受けなければならない。

（国際約束の誠実な履行等）

第百六十八条　この法律の施行に当たっては、我が国が締結した条約その他の国際約束の誠実な履行を妨げることがないよう留意するとともに、確立された国際法規を遵守しなければならない。

（連絡及び協力）

第百六十九条　内閣総理大臣及びこの法律の施行に関係する行政機関の長（会計検査院長を除く。）は、相互に緊密に連絡し、及び協力しなければならない。

（政令への委任）

第百七十条　この法律に定めるもののほか、この法律の実施のため必要な事項は、政令で定める。

第八章　罰則

第百七十一条　行政機関等の職員若しくは職員であった者、第六十六条第二項各号に定める業務若しくは第七十三条第五項若しくは第百十九条第三項の委託を受けた業務に従事している者若しくは従事していた者又は行政機関等において個人情報、仮名加工情報若しくは匿名加工情報の取扱いに従事している派遣

労働者若しくは従事していた派遣労働者が、正当な理由がないのに、個人の秘密に属する事項が記録された第六十条第二項第一号に係る個人情報ファイル（その全部又は一部を複製し、又は加工したものを含む。）を提供したときは、二年以下の懲役又は百万円以下の罰金に処する。

第百七十二条　第百四十条の規定に違反して秘密を漏らし、又は盗用した者は、二年以下の懲役又は百万円以下の罰金に処する。

第百七十三条　第百四十五条第二項又は第三項の規定による命令に違反した場合には、当該違反行為をした者は、一年以下の懲役又は百万円以下の罰金に処する。

第百七十四条　個人情報取扱事業者（その者が法人（法人でない団体で代表者又は管理人の定めのあるものを含む。第百七十九条第一項において同じ。）である場合にあっては、その役員、代表者又は管理人）若しくはその従業者又はこれらであった者が、その業務に関して取り扱った個人情報データベース等（その全部又は一部を複製し、又は加工したものを含む。）を自己若しくは第三者の不正な利益を図る目的で提供し、又は盗用したときは、一年以下の懲役又は五十万円以下の罰金に処する。

第百七十五条　第百七十一条に規定する者が、その業務に関して知り得た保有個人情報を自己若しくは第三者の不正な利益を図る目的で提供し、又は盗用したときは、一年以下の懲役又は五十万円以下の罰金に処する。

第百七十六条　行政機関等の職員がその職権を濫用して、専らその職務の用以外の用に供する目的で個人の秘密に属する事項が記録された文書、図画又は電磁的記録を収集したときは、一年以下の懲役又は五十万円以下の罰金に処する。

第百七十七条　次の各号のいずれかに該当する場合には、当該違反行為をした者は、五十万円以下の罰金に処する。

一　第百四十三条第一項の規定による報告若しくは資料の提出をせず、若しくは虚偽の報告をし、若しくは虚偽の資料を提出し、又は当該職員の質問に対して答弁をせず、若しくは虚偽の答弁をし、若しくは検査を拒み、妨げ、若しくは忌避したとき。

二　第百五十条の規定による報告をせず、又は虚偽の報告をしたとき。

第百七十八条　第百七十一条、第百七十二条及び第百七十四条から第百七十六条までの規定は、日本国外においてこれらの条の罪を犯した者にも適用する。

第百七十九条　法人の代表者又は法人若しくは人の代理人、使用人その他の従業者が、その法人又は人の業務に関して、次の各号に掲げる違反行為をしたときは、行為者を罰するほか、その法人に対して当該各号に定める罰金刑を、その人に対して各本条の罰金刑を科する。

一　第百七十三条及び第百七十四条　一億円以下の罰金刑

二　第百七十七条　同条の罰金刑

2　法人でない団体について前項の規定の適用がある場合には、その代表者又は管理人が、その訴訟行為につき法人でない団体を代表するほか、法人を被告人又は被疑者とする場合の刑事訴訟に関する法律の規定を準用する。

第百八十条　次の各号のいずれかに該当する者は、十万円以下の過料に処する。

一　第三十条第二項（第三十一条第三項において準用する場合を含む。）又は第五十六条の規定に違反した者

二　第五十一条第一項の規定による届出をせず、又は虚偽の届出をした者

三　偽りその他不正の手段により、第八十五条第三項に規定する開示決定に基づく保有個人情報の開示を受けた者

別表第一（第二条関係）

名称	根拠法
沖縄科学技術大学院大学学園	沖縄科学技術大学院大学学園法 （平成二十一年法律第七十六号）
沖縄振興開発金融公庫	沖縄振興開発金融公庫法 （昭和四十七年法律第三十一号）
外国人技能実習機構	外国人の技能実習の適正な実施及び 技能実習生の保護に関する法律 （平成二十八年法律第八十九号）
株式会社国際協力銀行	株式会社国際協力銀行法 （平成二十三年法律第三十九号）
株式会社日本政策金融公庫	株式会社日本政策金融公庫法 （平成十九年法律第五十七号）
株式会社日本貿易保険	貿易保険法（昭和二十五年法律第六十七号）
原子力損害賠償・廃炉等支援機構	原子力損害賠償・廃炉等支援機構法 （平成二十三年法律第九十四号）
国立大学法人	国立大学法人法（平成十五年法律第百十二号）
大学共同利用機関法人	国立大学法人法
日本銀行	日本銀行法（平成九年法律第八十九号）
日本司法支援センー	総合法律支援法（平成十六年法律第七十四号）
日本私立学校振興・共済事業団	日本私立学校振興・共済事業団法 （平成九年法律第四十八号）
日本中央競馬会	日本中央競馬会法（昭和二十九年法律第二百五号）
日本年金機構	日本年金機構法（平成十九年法律第百九号）
農水産業協同組合貯金保険機構	農水産業協同組合貯金保険法 （昭和四十八年法律第五十三号）
放送大学学園	放送大学学園法（平成十四年法律第百五十六号）
預金保険機構	預金保険法（昭和四十六年法律第三十四号）

別表第二（第二条、第五十八条、第六十六条、第百二十三条関係）

名称	根拠法
沖縄科学技術大学院大学学園	沖縄科学技術大学院大学学園法
国立研究開発法人	独立行政法人通則法
国立大学法人	国立大学法人法
大学共同利用機関法人	国立大学法人法
独立行政法人国立病院機構	独立行政法人国立病院機構法 （平成十四年法律第百九十一号）
独立行政法人地域医療機能推進機構	独立行政法人地域医療機能推進機構法 （平成十七年法律第七十一号）
放送大学学園	放送大学学園法

索引

おわりに

　本書は木元有香弁護士、添田武彦さん、私細萱大祐の3名の共著です。それぞれ、保育業界のとのかかわり方は異なります。共通していることは、各々の専門性を保育業界に少しでも還元させたいという思いです。

　そんな3名が、ICT化が進み個人情報に対する意識が変化する社会情勢の中、保育施設として取り組むべきことはどのようなことなのかを考えて執筆しました。

　理想的な園運営を考える場合、関連する法令や制度の理解が求められます。その次に、それらをどのように園運営の中に取り入れていくのかという段階があります。取り入れ方はそれぞれの施設で異なることでしょう。しかし、過去に他施設で起きた失敗事例は繰り返したくないという意識は共通しているのではないでしょうか。

　そのため本書では、数多くの失敗事例を掲載しました。掲載した失敗事例を通して、自園ではどのように個人情報・プライバシー情報の漏えい・紛失を防いでいくのかという道筋を見つけていただければ、執筆者としてはこの上ない喜びです。

　中央法規出版第一編集部の平林敦史さんには、共著者3名のスケジュール調整から方向性の調整など、本書の出版に向けてご尽力いただきました。また、数多くの方々が、本書の出版に向けてご協力してくださいました。この場を借りて御礼申し上げます。

　最後になりますが、本書を手に取り、最後まで読んでくださったみなさま、私たちは今後も保育業界に携わっていきます。どこかでお会いすることもあるかもしれません。その時はどうぞよろしくお願いいたします。

2022年7月

株式会社ピスタ

代表取締役　細萱大祐

著 者 紹 介

木元有香（きもと・ゆか）
第1章・第2章・第3章（法律面からの解説）

弁護士、保育教諭。鳥飼総合法律事務所所属。保育施設の法務・労務相談に加え、園長研修などの実績多数。著書に「幼稚園・保育所・認定こども園のための法律ガイド」（フレーベル館、2018年）、「保育現場における困りごと相談ハンドブック」（新日本法規出版、2019年）、「お答えします！　マンガでわかる保育士のための法律相談」（新日本法規出版、2021年）などがある。

細萱大祐（ほそがや・だいすけ）
第1章第2節第2・第3項、第3章

株式会社ピスタ代表。保育所・幼稚園等の危機管理・危機対応のアドバイス・コンサルティングを行う。保育施設、保育団体、行政からの依頼で危機管理・危機対応の研修実施。キャリアアップ研修の保健衛生・安全対策の研修講師担当。その他、自然災害マニュアル・危機管理マニュアル作成、不審者対応等、理想論・空想論で終わりにしない危機管理・危機対応を手がける。

添田武彦（そえだ・たけひこ）
Column

株式会社ザ・テイク代表。保護者、保育者、地域から「選ばれる園」になるためにwebやSNSを活用した園児獲得、職員採用の仕組みづくりを行う。保育再生プロジェクトとして人材育成（人間性・専門性）、保育内容等の研修で保育業界の「質」の向上に努める。一般社団法人乳幼児アレルギーケア協会理事として、専門医と共にアレルギーの正しい知識の普及に努める。NPO法人日本食育インストラクター協会とともに、保育業界へ食育を普及。保育養成校にて学生向けに食育インストラクター養成講座を開催。

事例から理解する
保育施設の個人情報
取り扱いガイドブック
ICT時代に必要な対策

2022年9月10日　発行

編著者　　　木元有香
著　者　　　細萱大祐・添田武彦
発行者　　　荘村明彦
発行所　　　中央法規出版株式会社
　　　　　　〒110-0016
　　　　　　東京都台東区台東 3-29-1　中央法規ビル
　　　　　　Tel 03（6387）3196
　　　　　　https://www.chuohoki.co.jp/

装丁・本文デザイン　　山田知子・門倉直美（chichols）
装丁・本文イラスト　　オキエイコ
印刷・製本　　図書印刷株式会社